樂以忘憂

薛仁明

——讀論語

目錄

前言

協助整理此書者，有北京辛莊師範第一屆全體同學、山東《視周刊》副審編趙之萍（也是我的微信公眾號「我心安處　天清地寧」創刊主編）以及台北天清地寧讀書會發起人羅燕儂。

薛仁明謹誌

自序

一向，我讀書慢。

小時候看報，有種速讀的廣告，很羨慕那樣地一目十行；念大學後，聞聽朋友能三、兩天讀完一本書，書中要義還講得頭頭是道，也不禁佩服。不過，在某個年歲之後，忽然我都不羨慕，也不覺有啥可佩服了。

年紀漸長漸清楚：讀書是「如人飲水，冷暖自知」。飲水，得慢慢飲；喝急了，沒好處，反而有副作用。書讀得慢，不僅能知冷暖，更貴在有「自知」。人「自知」，就安穩。不「自知」，常常讀越多、讀越快，便越容易中書毒。讀書中書毒者，眾矣。中了書毒，才有古人的頭巾氣、酸腐氣，也才有今人的文藝腔、憤青味，當然，還有那種種囉哩吧唆的學術腔。

曾經，我就中過書毒。因此，文藝腔、憤青味、乃至於囉哩吧唆的學術腔，身上都有。中書毒後，讀書其實就是逐物，就是玩物喪志。所幸，後來清了毒，等事隔多年，我再瞅著那些文青、憤青以及學術中人整天讀書卻越活越難受，總想勸勸他們：「就別讀了吧！」

老子所以才說：「絕聖棄智」。

明白這點後，原本讀書就慢的我，就更坦然地越讀越慢了。

我讀《論語》，就這麼漸讀漸慢。打從大學認真讀起，至今，也三十年了。一開始，總字字句句想弄明白，而今，但凡某章句偶有會心，便欣欣然，不復他求。這麼「不求甚解」讀下來，漸漸與孔子有種莫逆之感，故人似地。

多久照面一回，不打緊，總之，時不時便會見見的。於是心血來潮，翻兩頁；閒來無事，也翻兩頁。翻書如見面，見面無多言；但簡靜之中，自有一番怡悅與歡喜。當年孔子稱讚晏平仲「善與人交，久而敬之」。我讀孔子，越到後來，也越「久而敬之」，甚至「久而愛之」。

敬愛這位孔老師多年之後，民國一〇三年（西元二〇一四年），我開始在兩岸講授《論語》。幾年下來，越講越頻繁，也越講越緩慢。常常一個早上，就單講個三、兩章句；這回杭州，甚至連續三天早上都在講一句老掉牙的「學而時習之，不亦悅乎？」我講課除了「不求甚解」之外，還老跑題。有人抱怨我整堂課沒講啥《論語》，有人則說我講的是真《論語》。到底切不切題，其實兩可。至於我課上說了些什麼，其實我也不甚清楚；而說多說少，我更不在意。真說在意的，無非就是引領了這些人與孔子相見，是否他們也都領受了那番怡悅與歡喜呢？

是為序。

《論語》怎麼讀

讀《論語》，我建議先只讀原文，也就是所謂的「素讀」，讀沒有任何注釋的白文。歷代的《論語》注釋已經多得嚇人，單單為了一、兩個字，常常就可以眾說紛紜、糾纏半天；至於整句的解釋，更是各說各話、各持己見。最後，就成了讓所有人尋章摘句、「死於句下」的無底深淵。讀《論語》，首先別掉入這個陷阱。

在原文之外，另外去找些注解參考書，當然可以。三十年前我念大學時，最認真讀的，是朱熹的《四書集注》。但如果你現在問我：用《四書集注》好不好？我只能說：「最好不要。」那是另一個無底洞，是理學家的一套所謂

「義理」系統；那系統剛進去時會覺得很迷人，似乎非常有道理；可不知不覺的，人會被桎梏住，全身發緊。至少，我就曾經跳進去這個誤區；換句話說，那時我全身發緊，而且，還緊了很久。

時下各種注解書實在太多了，在這麼多注解書之中，到底哪一個最好，其實我也說不上來。不同的《論語》注解版本，很多字句的解釋完全是天差地別，沒有人知道到底哪一個才是對的；除非問孔子本人。但話說回來，即使是孔子再世，你真問他，也未必有用；恐怕他看了某些章句之後，也得遲疑片晌，說：「隔了這麼久，其實我也忘了當初是什麼意思。」而且，同樣的詞句在不同時空之下，意思也常不一樣；就算問孔子，他也還要仔細回憶當天是跟誰講的、是在什麼情境下說的。在這回憶的過程，肯定有些是錯置、有些是模糊，甚至有些根本就是忘掉了。更別說《論語》中經常可以看到，孔子回答不同弟子所提的同一個問題時，會談出兩個完全顛倒的觀點。那麼，到底哪一個才是對的？

事實上，如果我們把《論語》原文中那些具體的情境給抽離掉，將孔子的話當成一條條顛撲不破的真理，那就遠離了《論語》。所以，讀《論語》的第二個前提是，不要去糾結那些字句到底什麼意思，可以先看我們看得懂的。講句老實話，單單那些看得懂的，就夠我們受用一輩子了。《莊子》說的：「鷦鷯巢於深林，不過一枝；偃鼠飲河，不過滿腹。」讀書不要貪心，別讀太多，也別想要把什麼東西都搞懂。

更進一步說，倘使搞懂了，對你當真就有幫助嗎？那也未必。那些自以為搞懂很多道理的人，常常也是讀書對他最沒幫助的人；因為，懂越多道理，越容易產生我執；懂越多道理，學問與生命也越容易割裂。

所以，別貪心，別啥東西都想搞懂。有些章句不明白，就先擱著。什麼東西都想搞懂，啥事都「打破沙鍋問到底」，那是西方式追求客觀知識、追求邏輯正確的態度，不是中國人踏實過生活的態度。中國人面對事物會保持一份基本的虔敬，知道有些東西是在我們的能力邊界之外，有些東西我們是沒有能力知道的，甚至，有些東西我們壓根就不應該知道。這就叫「止」，就是要懂得踩剎車。因為懂得「止」，所以陶淵明才會說「不求甚解」。「不求甚解」其實是種大氣。

所以，一開始讀《論語》，我們先建立起簡單的大方向，就兩個字——「受用」。我們讀了感覺到受用，這樣就好。其他的，統統無關緊要，統統都可以放下。所有問東問西、枝枝節節的問題，我們沒那個閒工夫來理會，就留給學院的教授先生去操心吧！

接下來，我們談談《論語》的編排。《論語》整本書的編排當然有一定的架構和脈絡；但大家別忘了，孔子當初可不是為了這個架構和脈絡才來說話的；換句話說，這個架構必然是事後建立的。孔子的門人把孔子語錄記載下來，而後在整理編排時，按照一定的脈絡安排，形成今天我們所讀的《論語》。這裡面，必定有編輯群的思路與喜好，甚至也有他們的偏見所在。因此，不要把整本《論語》的編排看得太理所當然，想成必然有一個完整架構、有一套密碼，我們可以把它破解……不是的，事情沒有那麼複雜。真把《論語》的編排想得太複雜，多少就有子夏說的「致遠恐泥」那個「泥」的毛病了。

現在講《論語》，一開始都從〈學而〉篇開始，單單講「學而時習之」五個字，就可以講一、兩堂課，甚至還可以更久。不過，這五個字前面，還有兩個很重要的字，可能倒被忽視了，就是——「子曰」，孔子說。我們要特別留意的是，第一章的開頭是「子曰」，而第二章呢？是「有子曰」，第三章又是「子曰」，至於第四章，則是「曾子曰」……這個編排很有意思，透露了一個很清晰的訊息。

我們從《論語》開篇一路翻下去，頭一個講話的是孔子，其次出場的是有子，然後孔子再講一下，曾子在第四章登場，接著，第五、六章是孔子，第七章是子夏，然後後面又是曾子。從這樣的登場順序，我們可以看出，當時《論語》一書的編輯群，顯然跟有子、曾子和子夏關係很密切，主編很可能就是他們的弟子。其中，整個〈學而〉篇之中，除了孔子本人之外，就屬有子出現了三次，頻率最高，可是我們仔細看有子說的話，怎麼看，都不覺得有那麼重的分量足以擺在如此顯要的位置。那麼，他憑藉的又是什麼？

原因之一，可能是因為他的弟子是主編。原因之二，更可能是有子有個特殊之處，因而取得了某種特殊地位——有子長得很像孔子。孔子去世之後，有一群學生因為孺慕太甚、思念太過，於是愛屋及烏，便有人提議讓有子坐在上位，大家每天像當年侍奉孔子老師一樣向有子行禮。不過，這個當時看來似乎動人、可事後多少顯得有些搞笑的建議，不多久，就被曾子否決掉了。

至於曾子、子夏，應該也是因為主編的特殊考慮，才會編到這麼前面去。

這事提醒我們，看一本書，還真得注意編輯是哪些人，也得留意編輯後頭的思路與偏好。如果，《論語》換成總編輯是顏回，首席編輯子路，責任編輯子貢，《論語》的樣貌與氣象應該會跟今天我們看到的不太一樣。如果是這樣的編輯陣容，第一個出場的，肯定還是孔子；可緊接著的第二個，大概就不會是有子了。

所以，我不覺得讀《論語》一定得一章章按順序讀下去，也不認為每一章統統都是金科玉律……沒這回事。我以前教學生背《論語》，就跟他們說，有子的部分可以跳過去不背，因為有子說的話未必有那麼透。真論對生命的領會，有子的境界不見得高到非背不可。

也是因為這個原因，我不認為讀《論語》非得要從〈學而〉篇開始講。如果讓我挑，我更願意從第五篇〈公冶長〉篇的第二十六章講起。自然，這也透露出我的成見與偏好。

儒與俠

顏淵、季路侍。子曰：「盍各言爾志？」子路曰：「願車馬、衣、輕裘與朋友共，敝之而無憾。」顏淵曰：「願無伐善，無施勞。」子路曰：「願聞子之志！」子曰：「老者安之，朋友信之，少者懷之。」

——《論語．公冶長第五》第二十六章

如果我能「穿越」回兩千五百年前，而且當上了《論語》一書的總編輯，我會把這一章選為《論語》全書的開篇。原因之一，是重要的人物全部都登場了。《論語》的第一號人物，當然是孔子；第二號人物，肯定是顏回；至於第三號子路、第四號子貢，這個順序基本上歷朝歷代都沒有太多異議。開篇第一章，就先讓前三號人物登場，我覺得比較符合位階。原因之二，是除了出場順序合理之外，這一章還非常具有代表性，我們能看到孔子的魅力所在，也讀到孔門的氣象所在。

這一章不是現代概念下的課堂討論，而是孔門實際生活的剪影。因為是生活剪影，所以最真實生動。一開始，「顏淵、季路『侍』」，顏回跟子路侍奉在孔子身旁；「侍」，這是以前師徒制的特點；老師在哪裡，學生就跟在哪裡。老師不見得會針對學生特別說些什麼，學生就只是跟著老師過生活；看老師所有的應對進退，看老師處理事情，也包括看老師怎麼開開玩笑、說說反話，甚至還包括如何面對南子那樣有爭議的女人。這些都是學習，都是最大也最根本的學習。一個老師在課堂上所講的，都是有限的且經過篩選的，未必就是他生命的實相，更不是他生命的全體；所以，以前的師徒制，一般都是學生陪侍在側，因為只有這樣才會看到老師的整體生命，這時，老師就不只是「經師」，而更是「人師」。所以，「侍」這個字非常重要。

顏回、子路侍奉一旁，孔子閒來無事，忽然有了興頭，說道：「盍各言爾志」，你們怎麼不說說自己的志向呢？事實上，孔子之後，我們就不容易看到有個儒者會老跟學生提這句話。這是孔子很特殊的一點，他不時就要問問他的學生：來，說說你們的志向吧！你們將來想幹麼？大家尤其對照一下孟子，箇中的氛氛與口吻，就完全不一樣。

大家如果了解孔門弟子的性格，可以確定這時候頭一個回答的，百分之百是子路，不會是顏淵（這就像《史記》中如果樊噲跟張良同時出現，第一個說話的，肯定是樊噲，不會是張良搶著說話）。於是，孔子言未落定，可能剛剛那個「志」最後的下滑音都還沒結束，子路就說話了：「願車馬衣輕裘，與朋友共，敝之而無憾。」他最大的志向，就是他的寶馬與貂皮大衣，與朋友共用，譬如現代的一輛頂級好車四個輪子借出，最後變成是吊車拖著回來，輪胎還少了一個，板金也凹了一塊，可他心裡面沒有一點點的不爽，這叫「敝之而無憾」。

對我們來說，做到這樣是有點困難的。一般人在正常情況下，都是嘴巴說：「沒事！沒事！」可心裡多多少少還是會嘀咕抱怨一下：「早知道，就不借給你了！」有這種嘀咕，就是心裡「有憾」了。一個人在這種情況下，能徹底「敝之而無憾」的，並不多見。子路所說的這種生命狀態，在中國的典型並不在儒家，而是「俠」。《史記》裡面的遊俠，就有這種氣質，也就是「俠氣」；中國武俠小說的傳統裡，也有這種「俠」的精神。如果在諸子百家裡面找，可能是墨家那種「兼愛」更接近一些。看墨子在當時的所作所為，救人之危、急人所急，真會感受到一種俠義的精神。墨家雖然在秦漢之後看似沒落了，可這傳統從古至今一直都有，尤其是在民間。

「俠」的民間傳統有正、反兩面，若說負面，就變成了所謂「黑道」。可即便是黑道中人，真上了檔次，也講究個黑亦有「道」。台灣以前有幾個黑道大哥，對中國文化的情感都很深。早先在黑道裡，只要能當到大哥級的人物，基本上都得要有可讓人佩服的人格特質，不然，又怎麼能服眾？單單靠手段、靠耍狠，只能混到某個級別，不太可能成為真正的「大哥」；換言之，他肯定有某種人格魅力，有某種「德」，必須符合某種「道」。台灣的竹聯幫老大陳啟禮幾年前去世時，作家張大春還幫他寫了一幅輓聯，這滿有一點古風的；有些文化人後來因此批評張大春，那其實只是他們過度西化，壓根不知道啥是中國文化。陳啟禮年輕時當然也逞凶鬥狠，可通常這種大哥過了一個年紀之後，對於進退取捨的拿捏，還是挺讓人佩服的。台灣有個資深的社會記者劉益宏，接觸過很多的黑道人物，後來言道，他所接觸的黑道大哥的可敬程度，基本都超過當時的台灣政治人物。我相信他講的是真話。

如果能理解這點，就可以明白為什麼司馬遷要把「遊俠」寫到史記裡，也可以明白相較於後來的中國史書，為什麼《史記》明顯高了一個檔次。後代讀書人多半不屑這些黑道中人，可在司馬遷眼裡，他們的是非善惡固然可以爭議，可卻有其動人之處與光芒所在。能看到這點，就有著司馬遷閱人觀世的高度。同樣地，孔子也有這樣的能耐。就這層次而言，司馬遷的生命狀態非常相近於孔子。孔子也會看到某些被世俗非議之人仍有其過人之處。這個能力，按說是儒家最該有的核心處，也就是孔子所強調的「恕道」。「恕」是「如心」，將心比心，穿透表相，看到人的最骨子裡去。這也是最重要的「格物」。關於這點，後面我們會慢慢展開來談。

從子路的生命形態，我們可以看到早期的孔門裡，儒家與俠客可以有某種程度的接軌，換句話說，本來儒跟俠是可以交通、並非對立的。可惜，後來的儒者鮮少有子路這樣的生命狀態；加上儒者越來越強調純粹性，「純儒」越來越掌握話語權，從此，俠義的精神淡薄了，儒門的氣象也變小了。

顏回有靜氣

子路之後，接著，顏回講話了。顏回說：「願無伐善，無施勞。」「善」，是善意，是好事，是被認可的作為；「伐」，是當一回事，是自以為是，是耿耿於懷。所謂「伐善」，就是對於自己所存的善念、所安的好意，不僅放在心頭，還久久未能忘懷。「伐善」的前頭再加個「無」字——「無伐善」，則是將對於別人種種的好、種種的善意，都能像浮雲一般，過了，也就過了，完全不掛在心上。

這種生命狀態就更難了。今天我們不必想得太高遠，只要回頭想想最日常的家庭生活，大概就明白了。譬如說，倘使我們為了另一半認真做了些什麼事，或者付出了些什麼辛勞，對方卻絲毫不領情，這時，我們不僅心裡不是滋味，可能還會心生不平，甚至多有惱怒。而就根本說來，早先如果沒做這些事，心裡沒有存這個「善」，其實也不可能有後來的憤怒；恰恰因為有了這個「善」，我們又在意，才會好事變成了壞事。大家知道，當我們的生命還不夠通透之時，常常都會讓一件件的好事「莫名其妙」地變成一件件的壞事，於是把自己弄得很難受、很沮喪。這「莫名其妙」的關鍵，正在於我們對人的「好意」不知不覺中已成了心裡的一種執念，像個痞塊似的，自己老在意曾經做了什麼、付出了什麼，這就是「伐善」。

顏回說「願」無伐善，是覺得自己在某些時候還是有伐善的問題，沒辦法完全去除對善的執念；這一方面是他謙虛，二方面也是他誠懇。事實上，據我們對顏回的了解，縱使他沒辦法做到徹底地無伐善，恐怕，也八九不離十了。同樣地，依我們對子路的了解，即使他未必完全做得到「車馬、衣、輕裘與朋友共，敝之而無憾」，但至少能做個七、八成，總是沒問題的。換句話說，他們二人的志向，初初一看，像是風馬牛不相及；可細細一想，就某個層面而言，卻完全是同一回事。他們最大的心願，無非都是把生命的「實然」與「應然」徹底綰合起來；當「實然」與「應然」能完全統一，人就是個真實的人，人就是個不撕裂的人；人能真實而不撕裂，才會有最根柢的身心安頓。

「願無伐善」後面的這三個字：「無施勞」，歷代爭議很多，我傾向於跟「無伐善」並列成一組對偶的詞句。「善」是被認可的作為，「勞」是付出的努力與辛苦。從這角度來解釋「無施勞」，剛好跟「無伐善」形成對比。「伐善」是說做了好事，如果沒人感激、沒人按讚，你心裡會不爽；「施勞」是很努力地付出，覺得即使沒功勞，至少也該有些苦勞，可一旦這功勞與苦勞統統被忽視，甚至一筆抹煞，心裡就會有委屈，會有抱怨，會心有不甘。

這樣的「伐善」與「施勞」，其實都是我們非常熟悉的心理狀態，我們可能常常都是在這樣的狀態中。這些善啊、勞啊，本來都是好事，可一旦太在意，太當回事，就會在心裡不斷翻攪，澎湃洶湧，平白增添許許多多的糾結，於是就產生這樣的念頭：我何必對人這麼好？憑什麼我要做得這麼辛苦？這樣的狀態逐漸引來一些煩惱，越演越烈之後，甚至會製造出某些衝突。這就是顏回所說「伐善」與「施勞」的問題。

顏回這樣的「無伐善，無施勞」，明亮通透，心中無事，會讓人感受到有種根柢的靜氣。這是顏回的生命氣象。他的這種生命狀態，直接跟道家相通，也與佛教相通，尤其是禪宗。

我們現在回頭再看看，孔門兩個大弟子，一個與俠相通，一個與禪、道毫無隔閡，這就可看出當時孔門的宏大氣象。除此之外，我們還會發現一個問題：子路、顏回這裡所談的，跟我們現在常說的志向，尤其是小學生作文寫的〈我的志願〉之類，真是太不一樣了。我們現在所說的志向，都講得很具體，講得很「實」，譬如要做多大的事、賺多少的錢、當多高的官。這些志向，當然都沒有錯；可問題是，我們生命裡面的矛盾衝突與種種的不愉快，多半不是因為這些具體的東西，反而常常是因為「伐善」、「施勞」這種看來比較「虛」的部分。大家想想，有多少人每天就為了類似的事情牽扯不清、沒完沒了，然後自艾自怨：唉，上天對我不公，上輩子造了什麼孽，我怎麼那麼倒楣？……

這就好比，當初假使你寫下理想：「我要當一個科學家」。好吧，等你一旦真正成了科學家，卻發現生命的煩惱可能才真正開始。這也好比，當初我念高中時，一心一意想考台大，後來果真被台大錄取了，一開始，當然也會高興那麼一會兒，可不多久，考上台大的喜悅就迅速消失得無影無蹤了。反倒是台大四年，我發現我那些台大同學平均的快樂水平基本都低於（甚至還低得不少）其他學校的學生。尤其某些所謂最優秀的同學，當時都已經有抑鬱症的傾向。換句話說，我們人生當然可以有也必須有種種的具體目標，但一旦達成了這些目標，卻未必就能獲致內心真正的喜悅與踏實感。這壓根是兩回事。

孔門師生似乎很早就看清楚了這一層。所以，他們言「志」，都沒談得那麼具體，而是著眼於更根柢的生命狀態。今天大家關注有沒有一個好工作、一間好房子，這當然重要，但孔門（乃至於整個儒釋道三家）都去問更後頭的那個問題——假設你有個好工作、好房子了，然後呢？

修己安人

顏回講完之後，子路接著又開口了：「願聞子之志」；老師，您呢？這時，孔子言道：「老者安之，朋友信之，少者懷之。」讓周遭的年長之人都能心安，讓朋友之間都能相互信任，也讓年少之人都能受到該有的關懷與照顧。孔子這十二字，簡簡單單，但多數人的內心需求，都被他說盡了。

在這一章裡，子路、顏回所提的，基本上是「修己」的層次；至於孔子談的，顯然是「安人」的層次。儒家的學問，向來就是「修己安人」四個字；但該注意的是，孔子並非「修己」完全沒問題了，才去「安人」。事實上，沒有人可以把「修己」這事做到完全究竟。因此，不要把儒家的「修己安人」理解成邏輯上必然的先後關係，也不是「修己」做到百分之百了，之後才能去「安人」。假使如此，「修己」之後的「安人」，就會變成一件不可能的任務。

所以，「修己安人」的真正涵意，是心存「安人」之念時，得先問問自己：自己安了沒？不要一心一意想著「安人」，卻忘了「安人」的前提是「修己」。事實上，「修己」可以是為了「安人」，也可以毫無目的；換句話說，「修己」本身，就是一個圓滿。尤其在今天這個躁鬱的時代裡，當你成為一個自在安然的人，其實就是對這個時代最大的貢獻了。即使你不去刻意想著「安人」，但僅僅是一己的自在安然，就可以很自然地輻射出安人的能量了。

這也是為什麼很多知識分子明明有著儒家的懷抱，卻把自己搞到錯亂顛倒的根本原因。因為他們常常本末倒置，整天想著去安別人，卻不問問自己安得如何、「修己」修了多少？一旦有這樣的本末倒置，生命狀態會安穩才怪。

管仲之仁

接下來，談談剛剛所說的孔子閱人觀世的能耐。我們談管仲。先讀一段《孟子》對管仲的評論，再對照《論語》談管仲的章節，做個比較。《孟子．公孫丑》第一章，公孫丑問孟子：「夫子當路于齊，管仲、晏子之功，可復許乎？」一如果齊國國君重用了老師，讓您一展抱負，您有辦法做到當年管仲、晏子的功績嗎？孟子一聽，便對公孫丑言道：「子誠齊人也」，哎，你真是個齊國人呀！「知管仲、晏子而已矣。」一你就只知道管仲與晏子嗎？

這當然是個譏諷。但接下來，孟子口氣就「認真」了。他說，當年有人問曾西：「吾子與子路孰賢？」一您跟子路相比，哪一個更賢能呀？曾西一聽，愓恐不安地言道：子路乃「吾先子之所畏也」，子路是連我的先人曾子都很敬畏的人，我怎敢與子路相提並論呢？這個人又追問：「然則吾子與管仲孰賢？」您不敢跟子路相比，那麼，管仲呢？結果，曾西「怫然不悅」，非常不爽地言道：你怎麼可以拿我跟管仲相比呢？「管仲得君如彼其專也，行乎國政如彼其久也，功烈如彼其卑也；爾何曾比予於是？」管仲獲得齊桓公如此器重，執政又如此之久，可實際的功業卻是如此微不足道，這樣的人，你怎麼可以拿我與他相比呢？

最後，孟子總結言道：「管仲，曾西之所不為也，而子為我願之乎？」管仲是連曾西都不屑的人，你還以為我會願意當管仲嗎？

這章很有代表性。首先，這是孟子的標準態度；其次，這也是後世儒者常見的姿態。這種姿態，顯然不是從孟子才開始有，至少，在曾西的時候，就很明顯了。換句話說，從孔子去世之後，有一部分的主流儒家就慢慢有了這樣的傾向，只不過沒孟子如此旗幟鮮明罷了。到了北宋，儒者開始標舉孟子（唐以前，人們不講「孔孟」，要麼，說「周孔」；要麼，就說「孔顏」），而至南宋，《孟子》更列入了十三經。孟子被標高之後，影響力逐漸變大，駸駸然已凌駕於孔子之上。儒者開口閉口講「孔孟」，可在某些人身上，卻有著孟子更多的影響，其實，更像是「孟孔」。

宋儒就常常有類似孟子的口吻。一談起漢、唐，充滿不屑，都覺得有啥可談？他們只談遙遠的夏商周，可是，夏商周已經隔了那麼久，誰也弄不明白究竟是怎麼一回事，所以，他們開始談一種近於想像的歷史，把夏商周三代，尤其更早的堯舜，予以美化，然後轉過頭來，面對現實世界、面對同時代的人則是非常不屑。往好的地方講，這是理想主義，標舉一個非常高遠的理想，有著極大的努力空間，因此志向就顯得偉大。可是，壞處呢？壞處是他們永遠不切實際。

年輕的理想主義者，到了中、晚年，常常會變成虛無主義者。他們的理想破滅之後，覺得啥意思都沒有，感覺不到意義，人就虛無了。理想主義跟虛無主義，常常就是這麼一體兩面。當理想主義成為儒家的主流時，儒者與憤青，也就變成了一線之隔。憤青的好處是非常有理想，很有抱負；壞處是拒絕承認現實，只談偉大的東西，在其眼裡，現實的世界常常都是一文不值的。也正因如此，他們非常沒有現實感，與真實的世界也極度隔閡。於是，他們越活越不痛快，日益抑鬱，老覺得活錯了時代。中國後來有不少的儒者都有這種毛病，這也是中國文化發展到後來的某種異化。現代公共知識分子的憤青形象，固然受了某些西方的影響，但更多則是繼承中國傳統讀書人的這種生命狀態。這一點，是所有讀書人都應該自我警惕的。從孟子之後，中國讀書人普遍與當代、與當權者都有種緊張關係，永遠都抱持著一個批判的態度，習慣從負面的角度去解讀。任何事情統統用正面的角度去解讀，當然不切實際；可如果動輒就從負面角度來解讀，是不是也背離了事實？

講完孟子的角度，我們再來看孔子怎麼看管仲。

子曰：「管仲之器小哉！」或曰：「管仲儉乎？」曰：「管氏有三歸，官事不攝。焉得儉？」「然則管仲知禮乎？」曰：「邦君樹塞門，管氏亦樹塞門。邦君為兩君之好，有反坫，管氏亦有反坫。管氏而知禮，孰不知禮？」

——《論語．八佾第三》第二十二章

（或）問管仲。曰：「人也。奪伯氏駢邑三百，飯疏食，沒齒無怨言。」

——《論語．憲問第十四》第九章

在前面〈八佾〉篇裡，孔子批評管仲器小、不知禮；可到了〈憲問〉篇，有人問起管仲的評價，孔子態度一改，答曰：「人也」。這「人」，可能與孔子喜歡講的那個「仁」字相通；即便不是，顯然也稱許了管仲這人厲害。怎麼個厲害法呢？「奪伯氏駢邑三百，飯疏食，沒齒無怨言」，管仲把伯氏的三百駢邑給拿掉，等於打了隻「大老虎」；「大老虎」被打之後，落魄到每天只能以很差的食物餬口，卻始終沒有怨言。這說明管仲手腕高明，處理這麼個政治難題，都能讓對方服氣，確實是個厲害角色；所以孔子說管仲：「人也」。

孔子喜歡談管仲，也談齊桓公，他還說過：「晉文公譎而不正，齊桓公正而不譎。」（〈憲問第十四〉）但是，後來的儒家卻不願談齊桓、晉文，也同樣是因為：不屑。最典型的還是孟子，「齊宣王問曰：『齊桓、晉文之事，可得聞乎？』孟子對曰：『仲尼之徒無道桓、文之事者，是以後世無傳焉，臣未之聞也。』」（《孟子．梁惠王上篇》）孟子自居孔子之徒，不屑談齊桓、晉文，可孔子卻不時就來談上一談，這有意思。

子路曰：「桓公殺公子糾，召忽死之，管仲不死。」曰：「未仁乎？」子曰：「桓公九合諸侯，不以兵車，管仲之力也。如其仁！如其仁！」

——《論語．憲問第十四》第十章

從這章看來，後來儒家之瞧不起管仲，早在孔子當時，就已線索明晰了。那一回，是子路質問：當年公子小白（後來的齊桓公）與公子糾爭奪君位，公子糾落敗被殺後，召忽自殺，為公子糾殉節；可同為公子糾手下的管仲，不僅沒有殉節，最後反倒投靠了公子小白。這樣的人，有資格稱「仁」嗎？子路質疑管仲的操守有問題，後來的儒者也不斷如此質疑；孟子於是就擺出了如此姿態：這種人，有啥可談？

但是，面對子路的強烈質疑，孔子的反應卻是，「桓公九合諸侯，不以兵車，管仲之力也。」齊桓公九次大會諸侯，完全不用武力來逼迫大家與會，憑藉的是啥？不就是管仲的努力嗎？管仲重建國際秩序，在周天子威望已然不存之際號召了天下諸侯尊王攘夷，讓各國之間免於干戈且一致對外，這貢獻太大了吧?!「如其仁！如其仁！」

再一回，子貢也提出相同的質疑。

子貢曰：「管仲非仁者與？桓公殺公子糾，不能死，又相之。」子曰：「管仲相桓公，霸諸侯，一匡天下，民到於今受其賜。微管仲，吾其被髮左衽矣。豈若匹夫匹婦之為諒也，自經於溝瀆，而莫之知也！」

——《論語．憲問第十四》第十七章

子貢從政，經商又很成功，是孔門弟子頭腦極清楚也極有現實感的一位，可是，他同樣背負了儒家的某種包袱，因此批評管仲不是個仁者，「桓公殺公子糾，不能死，又相之」，沒為原來的主子犧牲，還當起了敵人的宰相，這種毫無節操之人，「管仲非仁者與？」管仲算是哪門子的仁者？

子貢是在跟孔子叫板嗎？

早先子路這麼質疑時，孔子的回答還不算激烈；但是，按說最有現實感的子貢也這麼說時，當下就惱火了孔子，「管仲相桓公，霸諸侯，一匡天下，民到於今受其賜。」如果沒有管仲，不論是北邊的遊牧民族或者是南邊的楚國，一旦入侵中原，不僅戰爭頻仍、生靈塗炭，整個禮樂文明更因此就慘遭破壞，「吾其被髮左衽矣」，我們大概已經是個服裝左衽、披頭散髮的野蠻民族了。直至如今，我們都還深受管仲的恩惠呢！「豈若匹夫匹婦之為諒也，自經於溝瀆，而莫之知也！」管仲的貢獻這麼大，你一點兒都不在意，卻眼巴巴要他像匹夫匹婦般拘泥於小是小非，最後自殺，卻沒人弄明白到底他做了啥嗎?!

孔子顯然有些火氣。他不高興子貢這麼聰明的人竟然連如此之大的關鍵都搞不清楚?!事實上，節操問題誰都看得見，可孔子著眼的是管仲保住了整個禮樂文明，護持了中華民族的文化根基，這樣的貢獻到底有多深、有多遠？沒有這樣的視野，反盯著一家一姓甚至只是一人的忠誠與否，如此斤斤於小節，子貢呀！子貢呀！枉費了你平日的見多識廣，也枉費了那回還在季康子面前誇你通達呢！（【季康子】問曰：「賜也可使從政也與？」【子】曰：「賜也達，於從政乎何有？」《論語．雍也第六》第八章）

事後看來，孔子發這頓脾氣，顯然不太管用。後來他的學生，差不多也仍是這樣的態度，甚至還不如子路與子貢。尤其越到晚期那幫弟子，越是循規蹈矩，個人私德都沒啥好挑剔，看到他們忍不住就要心生敬意。但是，他們的是非都太過單一，道德也太過窄隘，生命氣象都普遍變小了。這是後代儒家的大問題。正因為儒家有此問題，所以孟子講起管仲才會如此不屑。可孔子明明對管仲評價如此之高，對照那群自居孔子之徒的種種不屑，確實非常矛盾，對不對？所以我才說，尤其宋以後的儒者，雖說標榜孔子，可實際都更接近孟子；聽他們說話，似乎都對，可心裡卻有種壓迫感，總之不舒服；讀久了，人容易變緊，會無法把生命打開。

我們讀《論語》，不僅在於明白道理，更關鍵的是觀其氣象。對於管仲，孔子先是批評，批評他器小、不知禮；可就大局而言，孔子覺得這個人還是非常了不起，甚至高分貝讚揚他「如其仁！如其仁！」換言之，人可以有缺點、有瑕疵，但只要最關鍵的點做到了，那就足夠了不起了。看人有此層次區別，才不會一概而論，也不會因小失大。像孔子這樣子看人，自然就有一番氣象。

從這樣的視角看孔子，就可以與王者相通。有這樣的氣象，也才能談真正的「內聖外王」。後來儒者談「內聖外王」，多少都有點言過其實。讀《論語》，不是讀那些被窄化的道德，而是大道。大道是要能養人的。孟子講過「以善養人」，這話說得好，可他未必做得到；真能做到的，還是孔子。孔子氣象大，因此有辦法以善「養」人；至於孟子，則是以善「服」人，偶爾還會以善「壓」人。

總的說來，孟子還是很了不起。不過，讀孟子得留意他講話有時太過，「浩然正氣」也過於強大，像陽光刺眼太甚，讓人忍不住想躲在陰涼角落，不願意面對他；這樣的陽光雖然強烈而有力道，卻終究無法養人。中國人講中和之氣，孟子是離這中和二字還有點距離。

孔子可以與王者相通，子路也能通於俠客，至於顏回，則與佛、道毫不隔閡；師徒仨這樣吞吐開闔，原是儒家最重要也最真實的傳統。後代兩千多年中，這個傳統並沒有真正消失掉，只不過由顯而隱罷了。後世仍有相當數目的儒者有著與各式人等，尤其是王者相通的大氣魄。什麼是王者？劉邦就是。王者立於天人之際，不能以世俗的常情來揣度。像劉邦這種人，基本上沒啥是非可言，真要說，就只有大是大非。同樣地，《論語》關於管仲的討論，也是一個王者的高度：只在意大是大非，至於其他就不計較了。孔子很清楚，管仲當然有其瑕疵，可他保存文明的功績太了不起了！

從這個角度，可再做個補充：遠在孔子的時代，中國人其實就不太有什麼國家觀念。孔子是一個魯國人，他幫管仲講話，並不是管仲幫了魯國什麼忙，而是管仲把北邊的遊牧民族和南邊的楚民族的文化入侵給抵擋住了。孔子在意的是中原禮樂文明的延續，至於國家的在與不在，並不是他最關心的。這是中國文化的特色：文化高於民族，文明重於國家。正因如此，管仲即使沒有為了他的主子守節，卻守護了整個中國文化；小、大之間，豈可相提並論?!

在中國人的心裡，假使你移民美國，在那邊把自家的文化給傳承下去了，雖說換了一個國籍，其實也沒啥問題。畢竟，只要文化在，一切好辦；至於其他的，沒那麼緊要。文化的力量，可以跨越國家、跨越種族、跨越朝代。當初孔子在意的，就是這件事。當一個文化可以跨越種族、跨越宗教時，人世間大部分的激烈衝突就可以在此化除掉。當多數嚴重不可解的問題都可能在一個文化氛圍下化除時，這種文化的力道，在中國傳統裡就叫作：「王天下」。「王天下」的人，就是王者。王者不管自覺或不自覺，憑藉的就是文化的力量。孔子評價管仲，就是站在這樣的高度。至於子貢、子路所質疑的忠誠問題，畢竟只是一家、一姓的小節。兩相比較，到底孰輕孰重、孰小孰大？

這種小、大間的問題，任何時代都有。上回我在成都，記者問道：「薛老師，您新書談劉邦，那麼，可以說說劉邦跟四川的淵源嗎？又或者說，四川這地方對劉邦產生了什麼重大影響嗎？」我的回答是：「沒有重大影響。」真要說，劉邦當初從漢中北伐關中時，蕭何在後方巴蜀幫劉邦解決了一部分後勤支援的問題。四川的影響，就是這個；可這影響並不算太大。今天不能因為人在四川，我就說四川對劉邦的影響很大。事實上，不需要什麼主題都扯到你的所在地方；這樣的扯法，我覺得就小氣了。

一個地方或是一個人，無論再怎麼不起眼，總有些自己的長處；反過來說，不論再多麼了不起，也該知道自己的有限，別把自己想得無所不能。換言之，倘使真正有了自信，就不需要整天眼巴巴盼著別人來關注自己，更不需要成日強調自己有多重要。愛鄉土當然很好，但愛鄉土是不是也可以愛得更自信、更大氣呢？

君子儒與小人儒

子曰：「人而無信，不知其可也。大車無輗，小車無軏，其何以行之哉？」

——《論語．為政第二》第二十二章

子貢問曰：「何如斯可謂之士矣？」子曰：「行己有恥，使于四方，不辱君命，可謂士矣。」曰：「敢問其次。」曰：「宗族稱孝者，鄉黨稱弟焉。」曰：「敢問其次？」曰：「言必信，行必果，硜硜然小人哉！抑亦可以為次矣。」曰：「今之從政者何如？」曰：「噫！斗筲之人，何足算也！」

——《論語．子路第十三》第二十章

孔子的小、大之辨，我們可以再舉「信」字為例。在《論語》中，「信」談得很多。最常被提的，應該是《為政》篇裡，子曰：「人而無信，不知其可也，大車無輗，小車無軏，其何以行之哉？」這一章非常有名，已經變成中國人的常識，連孫悟空在《西遊記》裡都講這句話。

但是，我們再看〈子路〉篇，子貢問曰：「何如斯可謂之士矣？」怎麼樣才算得上是一個士？孔子說：「行己有恥，使于四方，不辱君命，可謂士矣。」有擔當、有底線，銜命而出，該完成的任務都可以完成得了，這才可以算得上是「士」。子貢又問，如果做不到這種檔次，那麼其次呢？孔子說：好吧，如果做不到這樣子，卻能在宗族裡面都讓人稱讚是個孝子，在鄉黨間也被稱許能友愛兄弟，這種人也可以算得上是一個士。然後子貢又問：要是這樣也做不到呢？

子貢是孔門弟子裡最擅長發問的，他很聰明，很會追問，還會「算計」孔子，跟孔子套話。他再一次問「敢問其次」時，孔子的回答就引起了後代很多的爭論：「言必信，行必果，硜硜然小人哉。」如果一個人說話百分之百做到，做的事一定求個結果，那這種人呢，就是頑固如石頭般的小人罷了！

這小段話，有很多讀者看了很不舒服：「言必信，行必果」，這有什麼不對嗎？為什麼孔老先生說是「硜硜然，小人哉」？

關於這點，後來孟子就說得很清楚：「大人者，言不必信，行不必果，惟義所在。」畢竟，孟子還是很大氣的。

孔子剛剛講「言而無信，不知其可」，現在又告訴你「言不必信，行不必果」，從字面、邏輯來看，這似乎是矛盾的。但是，中國的學問就是這麼活潑；同樣一句話，就是得看在什麼樣的情況下來說的。孔子的意思是，在有些關鍵的時候，你是可以不必信、不必果的。也就是說，你在關鍵的時候可以不必管是非，只要守得住大是大非就好，其他的無關緊要。人家要非議，就非議唄！別人要罵，就罵唄！歷來成大事的人，一定要不拘小節，聲譽也不必太好，管仲就是最好的例子。如果用民意表決，讓孔門這一群士大夫的代表、所謂精英中的精英來給管仲投票，結果可能會是一面倒。畢竟，連子路、子貢都非議他，曾子以下這群人就更不必說了；表決了半天，恐怕除了孔子支持管仲一票之外，還會認可管仲的，肯定就寥寥可數了。

孔子說，一個人如果「言必信，行必果」，過度執著於「信」與「果」，最後，就會頑固僵硬得像顆石頭一樣。這種執著，恰恰就是許多儒者的通病。儒者是非觀念清晰，因此稍不留意，就會變成執著。後來孔子就警告了他的弟子子夏，「汝為君子儒，無為小人儒」，要當個君子儒，別成了小人儒。後代的儒者當然不乏大人氣象的君子儒，可更多的，依然是「硜硜然小人哉」的小人儒，氣魄不大，氣象小。平時滿嘴仁義道德，動輒將所謂「氣節」無限上綱，最後卻總是「書生誤國」。承平時代，這些儒者可以守成，但在危急時刻，他們就缺乏氣象去開創格局。

而事實上，孔子談「言不必信，行不必果」，並非只是空口說說而已，而是當真「身體力行」的：

陽貨欲見孔子，孔子不見，歸孔子豚。孔子時其亡也，而往拜之。遇諸塗。謂孔子曰：「來，予與爾言。」曰：「懷其寶而迷其邦，可謂仁乎？」曰：「不可。」「好從事而亟失時，可謂知乎？」曰：「不可。」「日月逝矣，歲不我與！」孔子曰：「諾，吾將仕矣。」

——《論語．陽貨第十七》第一章

魯國大夫陽貨想見孔子，但孔子不願意見他。陽貨就想出了一個方法，送孔子一隻乳豬，按禮儀，別人送禮物來，你就必須得要回拜，向人家回謝。孔子也很「奸詐」，他就「時其亡也，而往拜之」，故意趁著陽貨不在家才去回拜，結果呢，「遇諸塗」，在路上竟然就被陽貨「逮」到了。大家不妨想像一下，當時孔子臉上是什麼表情啊?!這時，陽貨就嚴肅地對孔子說：「懷其寶而迷其邦，可謂仁乎？」你這個人那麼有才華，結果讓你的國家這樣子迷失路途、不知如何發展，你這樣算得上仁嗎？孔子「只好」乖乖地說：「不可」。陽貨再問：「好從事而亟失時，可謂知乎？」你很想一展抱負，可是每每錯過了時機，你這樣算得上有智慧嗎？孔子又「賣乖」地說：「不可」。最後，陽貨「教訓」孔子：「日月逝矣，歲不我與。」時間飛逝而過，時不我與，你還不趕緊出仕嗎？孔子就說：「諾，吾將仕矣。」好，我要出來當官了。

可問題是：孔子後來根本沒出仕。這是最典型的「說話不算話」。

這一章能夠在《論語》中保存下來是非常珍貴的。我喜歡讀到這樣的孔子。除這種「說話不算話」之外，我也很喜歡看孔子說話不太老實的時候、吃癟的時候、被子路吐槽的時候。在這種地方，我們才看到所謂的「聖人氣象」。我們會看到他的生命有很多狀況，有很多不如意，有很多吃不開的時候；在這種時候，才看到一個聖人真正的分量。如果聖人從一出生，就是上至王公貴族，下至凡夫俗子，每個人都對他服服貼貼，好像坐在大雄寶殿上，接受每個人的膜拜，那就不是人，而是神。孔子的分量，就在於他面對每一個情境的真實與鮮活。他那麼堅持「朋友有信」，可到了關鍵時刻，卻能長於權變，果斷地「說話不算話」。

孔子這樣的生命狀態，才可能內聖外王，也才不會落入朱熹等後儒的格局。朱熹講過一段話，大意是：自三代之後，文武之道從來沒有一天實行過。這是儒者的典型心態，他們總覺得這個世界是醜陋的、是汙穢的，好像佛教所說的「五濁惡世」，所以就標舉一個遙不可及的理想。可是，當理想越偉大，自然就覺得現實世界越醜陋；換言之，越是執著於一種理想的形態，就越無法如實地、心平氣和地來看這個世界，到頭來，生命狀態當然就會越來越顛倒。

二〇一二年我去北京，應邀到讀經教育高端培訓班講座，講座前，所有人起立行禮。我覺得很好，便跟著他們向孔子畫像行了禮，可再下來的環節，我就遇到「麻煩」了。但見他們行完了大禮，司儀高喊：「為天地立心，為生民立命，為往聖繼絕學，為萬世開太平！」這時，我就沒辦法跟大家一塊喊下去了。面對這麼「高大上」的話語，我一直非常保留。這四句話當然說得很好，可問題就是說得太好、太偉大了，偉大到我們根本做不到、搆不著。我們每天標榜這樣的理想，剛開始當然會有一些鼓舞的力量，但等時間久了，常常就反過來變成生命顛倒的根源。

可在孔子的身上，看不到這種顛倒，看不到高大上，會覺得他是一個有現實感的人。他有原則，該守的時候守；可必要時，他也能該丟就丟。

孔子有一次要去衛國，途經蒲邑，被當地人攔住不讓走，對方的理由是擔心孔子會協助衛國對付蒲邑。後來談判了半天，對方決定放他一馬，唯一條件，就是孔子絕不可前往衛國。孔子立刻答應，「好，我不去。」結果，對方一放他走，孔子就頭也不回地直奔衛國而去。子貢不無困惑，便問道：「盟約可以如此棄而不守嗎？」孔子答得可真乾脆，「如此要挾所訂的盟約，是連神明也完全不理會的！」而後，到了衛國，衛靈公親自到城外迎接，劈頭第一個問題，「蒲可伐乎？」孔子的答覆，一個字，「可！」

這個故事非常有代表性。看得出孔子的出入自在與活潑大氣。可後代的儒者就很難接受這種故事。到了明清時代，理學大盛之後，甚至有考證家說這一段敘述是後人偽造的；他們認為，這種故事是存心誣衊孔子。這當然是後來儒家的僵化，因此心量、氣度都變小了。所以今天我們讀《論語》，就得跨越歷代儒者給我們的印象，直接與孔子接通。

「經」與「權」

接下來，在「言必信，行必果，硜硜然小人哉」的後頭，孔子還有一句──「抑亦可以為次矣」。意思是，「言必信，行必果」的人，其實是可以的，也算得上是個「士」，只不過氣象不夠大、檔次不夠高罷了！

對話到這兒，「聰明」的子貢終於亮出了底牌；他真正在意的，可能不是前頭所問的，而是後面這一句──「今之從政者何如？」面對這麼一問，孔子的答案可是一點兒都不溫良恭儉讓，反倒是有點尖銳：「噫！斗筲之人（「噫」是語氣詞；斗跟筲都是容量，都不大），何足算也？」這些人氣量都太小了，咱們就不說他們了吧！

加上最後這個感嘆，咱們四小段合併來看，會看得更清晰一些。首先，「行己有恥」是大根大本，是「經」；而「使于四方，不辱君命」，必定得行「權」，做外交要有手腕，懂得虛實之辨；畢竟，鐵板一塊的人不可能幹得了外交。所以孔子一開始就說「行己有恥」，這是根本與底線；然後在這個前提之下，又有辦法「使于四方，不辱君命」，「經」和「權」能拿捏平衡，這種人才算得了第一等的「士」。

至於「言必信，行必果」之所以是第三個檔次，是因為這種人看似正直，但畢竟只有「經」，沒有「權」。所謂「硜硜然小人哉」，並不是壞，只是不夠大。這點大家不要誤解。別因此下定決心：以後要「言不信，行不果」，那就麻煩了，呵呵！總而言之，這「度」得拿捏好，不能落於一端。

讀《論語》，會發現孔子的語言充滿了這種兩面性。常常剛提了一點，馬上又提貌似矛盾的另一點；說到底，就是擔心我們落於一端。後來儒者之所以出問題，就是因為他們容易執於一端。越是落於一端，常常責任感就越強，偏執卻也越徹底，隨之而來的，可能破壞性也越大。

從這個角度來看，孔門最後由曾子、子夏這群人取得了話語權，其實是有某種的必然性。因為，這種人特別有熱忱，特別有使命感，因此就特別容易成為「傳道人」。當然，人可以有使命感，但別整天把使命感掛在嘴邊。事實上，所有偉大的東西，包括「仁義禮智信」都一樣，談多了，就變成說教，變成以善服人、以善壓人，最後更慘的，叫「禮教殺人」。

這是我們讀《論語》的時候要特別留意的。《論語》裡面其實分成兩個部分，一部分是「法言」（法語之言），就是「經」的部分，大根大本，沒有什麼好爭論的，也不必做太多的發揮。另一部分，則是「巽言」（巽與之言），也就是「權」的部分。《論語》裡面孔子常常提醒學生必須平衡種種的過與不及，「經」、「權」一直靈活交錯著，這正是孔子跟後來儒者最大的差異，也是孔子之所以比較有氣象，之所以可以跟王者相通的一個關鍵處。

簡易法門有副作用

有位讀者問過我一個很尖銳也很真實的問題。他覺得現在整個大陸都在國學熱，這當然好，可麻煩的是，當你用這一套東西來教小孩，小孩走到社會上，卻很容易會格格不入，這到底該怎麼辦？

我的回答是，今天學習國學，如果真把中國文化給吃透、化到生命裡，不可能跟當代社會格格不入，反而會更自在。因為，你很容易了解別人，很容易體會人家的心情，畢竟，大家都是同一個文化基因，人同此心，心同此理嘛！甚至連人家怎麼算計你，你也看得清楚明白，「危邦不入，亂邦不居」，該閃就閃，該避也會避。所以按理說，你越深入真正的中國文化，在當代社會就可能過得越安然。但現實上，許多人並非如此。原因就在於，他們某些地方不僅搞偏了，還講得太極端，這時當然會出問題。所以，我提醒這位提問者，我們要把小孩教好，但千萬不要把小孩教傻。你當然要教他說話算話，可你也要讓孩子知道，有些時候說話是可以不必算話的。

事實上，因為宋明理學的包袱，很多對傳統文化有情感的人，確實都把小孩給教傻了。除了教傻之外，某些國學堂教出來的小孩，還會有過於高傲的問題，因為他能把幾十萬字的經典倒背如流，一點不磕磕巴巴地一口氣背完。這樣子學傳統文化，我是有一點保留的。

王財貴先生這些年推廣的讀經教育，對於傳統文化的復興，實在是功德無量。王先生所提供的，是一個非常簡易的法門，就是「只管讀經」。從歷史看來，所有過於簡易的法門，好處是很快可以達到效果，壞處就是很容易產生副作用。這種簡易法門，學習者內部的凝聚力都很強大，但同時也可能產生很巨大的排斥力量。換言之，你不太能質疑他，也不太能批評他。王財貴先生本人沒這種問題，但他底下有不少弟子就的確有這種問題，容不下批評，總急著擺出「反擊」和「捍衛」的姿態。除此之外，他們身上還很容易看到宋明理學家繼承孟子的那種高姿態。

這樣的高姿態，再加上某些國學堂的小朋友對於經典的倒背如流，一不小心，就不知不覺中流露出傲慢，開始目空一切。這時候，如果沒有好的老師在旁邊把關和點撥，很容易變得偏激，也很容易完全活在一個概念的世界，對現實世界就開始變得像這位讀者所說的格格不入。

所以，讀經是件好事，但方法如果不得當，副作用也很強。相較於讀經圈影響力很大的《孟子》，我覺得讀讀《史記》倒是比較不容易產生副作用。司馬遷沒有排他性，沒有潔癖，《史記》裡面什麼樣的人都有，即使劉邦那種「無賴」都可以寫得如此動人。如果連劉邦都可以看出動人之處，世界上還有什麼人不能欣賞的？當我們把眼界拉到像孔子、司馬遷這樣的高度，能看到每個人閃閃發光之處時，對於這個世界就會有更多的期許，就有更多的可能性，也不會有那麼多的憤怒。

接觸傳統文化，最怕誤入兩個極端。要麼，就全盤否定；要麼，就古人完全不可批評。在這兩個極端裡，人多半做不好事，也不容易活得安然。活得安然與做好事情，就是所謂的「內聖」與「外王」；這兩件事本息息相關，二而一、一而二。在中國人的思維裡，外面的事情與你內心世界的安穩，絕對不是不相干的。不可能像一些知識分子所說的，一個是私領域，一個是公領域，兩者不能硬扯在一起。在中國，所有的事物都必然相互有所關聯。且不說什麼公領域與私領域，連你在那裡打坐，都是在連接人身這個小宇宙和天地這個大宇宙。在中國人的世界觀裡，微觀的內在世界與宏大的外部世界，必然有一定程度的對應關係，絕對不是截然劃分的，這是中國人最根柢的思維。

一旦回歸到這樣的思維，我們面對事情就可以少掉許多不必要的糾結。循此思路，對跟錯、是跟非，除了外表上的對立，就可以有更高的統合與聯繫。如此一來，「經」與「權」就可能掌握得較好。因此，我們教小孩，當然要有規矩，但不要把這些規矩給絕對化，不要把小孩給教傻。同樣的道理，家裡的小孩偶爾頂頂嘴也不太要緊，偶爾煩你一下也無妨。曾經當中、小學老師的人可能都有一個經驗：通常畢業以後對你最好的，不是學校裡那些優秀的學霸，而是那些跟你唱反調、惹你生氣的。在真實世界裡，任何東西都是有起有落、有反有逆，正反之間，其實隨時都在變動。所以，我們一方面要抓住大根大本，但抓住之後，更要學會放手，這才是更大的學問。

因此，儒家永遠都應該開放，跟王者、佛道、民間都要多流通，儒家才有源頭活水，才有辦法把所謂的理想給落實。說到底，沒有所謂的理想不理想，只要沒現實感、不具操作性的「理想」，其實都只是一群迂腐儒生的「顛倒夢想」。很多東西，不要老去想一個所謂的「理想形態」，就像「理想中的另一半」，另一半哪有什麼理想不理想？越多理想，只會讓你越看對方越不順眼。夫妻一場，今天倘使對方變得不可愛，固然有部分原因在於對方，但我們是不是也得承認：有一部分其實也有我們的原因？

如果我們有這份虛心與誠懇，許多事情的形勢就可能好轉。就這點而言，天下國家與家庭都是同一個道理。《大學》講齊家、治國、平天下，都歸結到修身；所謂修身，橫說豎說，其實就是這份虛心與誠懇。

真實世界的反省

曾子曰：「吾日三省吾身，為人謀而不忠乎？與朋友交而不信乎？傳不習乎？」

——《論語．學而第一》第四章

講完子貢與孔子這段對話，我們會面臨一個問題：早期的顏回、子路、子貢這些弟子是如此的四通八達，為什麼晚期的孔門弟子氣象會變得比較窄隘呢？

首先，後來晚期的弟子跟孔子年紀差距太大，這些弟子跟孔子都差了四十歲以上。四十歲，古代等於是差了兩輩；當他們位列孔子門人之時，他們的老師早已名滿天下，所以他們太習慣仰著頭看孔子，一旦老仰著頭看，若用佛教的話來講，就是會把所有孔子的所作所為都作「勝義解」，不僅合理化，而且還會偉大化、神聖化、無限化。

孔子作為一個活生生的人，即使到了晚年，也仍然有相當程度的有限性。再怎麼說，都不應該把他無限化。可是當晚期的弟子整整差了兩輩之後，在情感上，就很容易把他無限化。

另外一個原因，可能在於他晚期這些弟子多半都當老師。說實話，老師的世界，是個相對單純的世界，視野容易受局限，比較不像走江湖的人那麼通達。子貢是走江湖的人，有江湖之氣；至於孔子，更是一個「老江湖」（這兒的「江湖」指的是開闔吞吐）。這一份江湖之氣，後來在晚期弟子身上比較看不到。所以，在座當老師的人都應該經常警惕自己，不要讓自己的圈子越來越小，要想辦法讓自己跟各式各樣的人打打交道，讓你好像大江大海般啥東西都可以匯入到生命裡。

後來這些弟子裡，最有代表性的是曾子。《論語》除了孔子外，話被記錄最多的，就是曾子。曾子在歷史上的影響，比表面上還要大得多。曾子有曾子的好處，譬如生命的那種厚重感、莊嚴感，在他身上就展現得特別淋漓盡致。曾子最有名的一段話：「吾日三省吾身，為人謀而不忠乎？與朋友交而不信乎？傳不習乎？」一個人會這樣子講話，必定是個很認真、很誠懇的人；這樣的認真與誠懇，當然是他很了不起的好處。

但是，我們在真實的世界中，卻不會是這麼反省的。曾子這種反省方式，憑良心講，一來是形式化，二來則有點僵化。正常情況下，我們的反省是才做錯了事、說錯了話，甚至只是閃過了不對的念頭，過一會兒自己就意識到。厲害的高手，則是那個貪念或者嗔念一閃而過，當下就照見了。比較普通的，可能在不多久或在晚上睡覺前，突然浮出來，心裡反省一下。比較差的，可能隔了幾天，副作用發生了，才突然警醒自己出了問題，該好好反省一下。真正的反省是這樣的，心裡好像有面鏡子，永遠在照著自己，而不是固定用三件事情來問問自己。

事實上，我們真正會犯的錯，哪裡就是「為人謀而不忠乎」、「傳不習乎」、「與朋友交而不信乎」這麼三件事？我們更常犯的錯，可能就是很一般也很細微的，譬如：今天誰批評了我一句，然後我耿耿於懷，好幾天心裡都不舒服，看這個人怎麼都不順眼……類似這樣的煩惱，我們經常會有；真要反省，就得從這些煩惱反省起。

舉重若輕

曾子曰：「慎終追遠，民德歸厚矣。」

——《論語・學而第一》第九章

「慎終追遠，民德歸厚矣」，這一句話就是典型的「經」；大根大本，沒什麼好質疑，也不必多討論。曾子講這種話，特別合適，因為他有這種分量，有這種厚度。曾子的可敬之處就是在於這種厚重。我們雖然未必那麼喜歡跟他在一起，可見了他，肯定還是要心生敬意的。

曾子有疾，召門弟子曰：「啟予足！啟予手！詩云：『戰戰兢兢，如臨深淵，如履薄冰。』而今而後，吾知免夫！小子！」

——《論語・泰伯第八》第三章

至於〈泰伯〉篇的第三章，讓我們看到一個最典型的曾子。我估計除了曾子之外，不太有人說得出這樣的話了。曾子重病，把門人弟子都給找來，說道，把我的手打開吧！把我的腳也伸展一下吧！讓我感覺一下自己的身體髮膚是不是都還完好如初?!從今往後，我知道我可以不必再戰戰兢兢，也不必再臨深履薄了！

這一段看了讓人滿感動的。一個人活得這麼認真，往好的地方說，那真的是莊嚴。可是從另外一個角度看，我們也可能會覺得好累啊！這是一體兩面。曾子的好處，就是把我們這個文化裡最莊嚴的一部分給繼承下來。任何一個文化，一定要有厚重與莊嚴的一面，這是無論如何都不能取消掉的。一旦取消掉，這個文化就會倒塌掉。可除了這厚重與莊嚴之外，必定還要讓人可以呼吸與吞吐；如果老是都這麼重，會讓人喘不過氣來的。這就是為什麼儒一定要跟道互補，就像陽跟陰一定要調和。

曾子曰：「士不可以不弘毅，任重而道遠。仁以為己任，不亦重乎？死而後已，不亦遠乎？」

——《論語．泰伯第八》第七章

第七章也很經典，非常有名。這樣子的任重而道遠，讓我們看到一個儒者無比莊嚴的擔當，可問題是，如果太過，會不會把自己壓得喘不過氣來?!會不會造成別人的壓迫感?!會不會因為太多的擔當，讓自己患得患失、得失心太重，反而做不成事?!這都是事情的一陰一陽，也都是我們要常常自我觀照的。

我常常提醒認真的「好」老師說：「不要讓你的認真、你的『好』變成社會的亂源！」這些老師常常都過度緊繃，都想把學生改造成自己心目中的理想狀態。這種老師的「禍害」程度，完全不下於那種望子成龍、望女成鳳的家長。一不小心，這種家長就會變成子女一生中最大的夢魘。他們當然是求好心切，但再怎麼求好，一旦心切，副作用就出來了。真要求好，就不能心切，就只能若有似無地求，要像顏回那種心中無事的狀態。最大的關心，是看起來不太關心。在這樣的情況之下，你的認真與「好」，才能養人。

所以，曾子的嚴肅與厚重不是不好，而是需要有另外一個東西來調和，才不會讓嚴肅變緊繃、厚重變沉重。中國文化最有分量的東西，都是陰陽調和、舉重若輕的。當你能舉重若輕時，才有辦法承擔最重的東西。

中國文化裡的輕與重、開與闔、發散與凝練，都一定要有個平衡。過度的緊繃與沉重，譬如東漢的標榜名教，一反彈，產生了魏晉的放浪形骸，就又過了頭。又譬如宋明理學的過度壓抑，導致了五四運動的矯枉過正，進而把傳統文化整個否定掉，那都是落於兩端。

所以，今天我們看待曾子這樣的生命形態，必須要能做到「愛而知其惡，惡而知其美」。你喜歡他，仍得知道他有他的問題；你不喜歡他，也還是要看到他有動人之處。這樣的態度，才是我們讀書該有的態度。有這樣的態度，不管是他好或是不好，到頭來，我們都可以從中受益。

儒與黃老的平衡

儒者之所以常常疏隔於王者、疏隔於道家，是因為他們有種大頭病，老覺得儒家是中國文化的最正宗、最核心，對於別人，就常常有種不屑。這樣的「最核心」說法，並不一定是事實。事實上，更能代表中國文化最核心的東西，可能是黃老。張良是黃老，曹操是黃老，孔明也是黃老。一般中國人對他們都有興趣，尤其民間的戲曲、說書，一直是唱個不停、講個沒完。大家為什麼對這種黃老的生命型態忒感興趣呢？不正因為那是我們生命的最核心嗎？

說黃老是整個中國文化的最核心，還有另一個論據。大家知道，任何一個文化最根柢的核心，其實就是異文化最學不來的；只要異文化學得來，就意味著其實不是最特質。而黃老之道，正是即使最善於學習的日本人都學不來的。

很多中國人都說，日本人所有的好東西，都是從中國學過去的。那當然是中國人的大頭病。事實絕非如此。大家去日本看看，就會發現，日本與中國固然有相似之處，可真論根本，卻是太不一樣了。他們確實是學了中國的東西，但肯定會進行轉化，轉化之後，又都是日本特色了。只要是深具日本文化的特質，比如日本的能劇，反而是我們中國人都很難掌握，真要學也未必學習得了。同樣的道理，中國文化最核心的黃老，日本也學不來。

日本人從魏晉南北朝一直學中國，其中，唐代是個高峰，後來南宋又是一個高峰，在這將近一千年裡，日本人巴不得把中國能搬的全部都搬過去。可直至如今，日本人談中國的東西，喜歡談儒家，談佛教（佛教的某些發展甚至比目前的中國更好），可儒釋道三家之中，他們卻幾乎不談黃老。因為，學不來。日本那種認真到執著、執著到產生了美感的民族性格，只要看日本的產品可以做得那麼細心、那麼美、那麼沒半點粗枝大葉，就可清楚感受得到。這是他們的好處，可是他們的壞處就是執著太過，太計較細節、太「龜毛」，最後會把自己給困住。

我有一個美國人朋友，曾在日本京都住過兩年。剛去日本時，他在公共場合常常會被人家瞪幾眼，因為他會拿塑膠袋發出窸窸窣窣的聲音，旁邊的日本人就覺得受不了。大家知道，日本人自律，是個所謂「恥感」的民族。結果，他在京都待了兩年之後，有一天，電車上遇到有人也帶著塑膠袋發出點聲音，他突然發現，他也會心生不悅，也會對人家皺眉了，當下，就決定必須離開日本了。他發現自己也被日本人那種對細節的敏感、執著給感染了。

正因為這種執著，所以日本人學不來黃老那種虛虛實實、不黏不滯、似隨便不隨便、似認真卻又不費勁的生命狀態，尤其必要時可以一切拋開、像劉邦那樣光溜溜的豁達，日本人是怎麼樣都搆不著的。

中國民間的根柢是黃老，民間很多人都有那種隨隨便便的勁兒，對很多東西滿不在乎，不當回事。黃老的好處就是可以啥東西都不在乎，可在關鍵時候，卻能抓住最核心的東西。平常越是柔若無骨、吊兒郎當的人，真正要使勁的時候，力氣常常比誰都大，太極拳不是同樣的道理嗎？用毛巾抽人不也是同樣的道理嗎？

這就是整個中國文明的特色。儒一定要有黃老相互調和，一陰一陽，才能形成一個動態平衡。

因材施教

子貢問：「師與商也孰賢？」子曰：「師也過，商也不及。」曰：「然則師愈與？」子曰：「過猶不及。」

——《論語．先進第十一》第十六章

「師」是子張，一個相貌堂堂、說話口氣很大的人。「商」是子夏，一個拘謹保守、氣量稍嫌窄隘之人。孔子說，子張的毛病是有時太過，子夏則是氣量不足。子貢問，這麼說來，是不是子張比較好一點？孔子回答：「過猶不及」，過跟不及是同一回事，都不對。

那麼，怎樣才是對的呢？答案是：「中」。「中」很容易被誤解成是A加B除以二、凡事取其平均的意思。這當然是個誤解。所謂「中」，有兩個意思：一是念第四聲的「中」，命中要害的意思；二是平衡的意思，「中」就是達到一個動態的平衡之道。

《論語》的語言常常讓人覺得不容易掌握，孔子今天講這、明天又講那，前後矛盾衝突，似乎沒有一種客觀的準確與清晰。但是，《論語》的好處也恰恰就在這裡：時時刻刻都必須有所調整，所有的話都要講究個動態平衡。這個動態平衡，就是「中」。大家懂了這個動態平衡之後，就會讀到《論語》很多有意思的地方。表面上看來莫名其妙，實際上卻是活潑潑、充滿了生機。

譬如下面這章：

子路問：「聞斯行諸？」子曰：「有父兄在，如之何其聞斯行之？」冉有問：「聞斯行諸？」子曰：「聞斯行之。」公西華曰：「由也問『聞斯行諸』，子曰，『有父兄在』；求也問『聞斯行諸』，子曰，『聞斯行之』。赤也惑，敢問。」子曰：「求也退，故進之；由也兼人，故退之。」

——《論語．先進第十一》第二十一章

子路問孔子：聽到一個正確的道理，就要馬上去做嗎？孔子說，不可，有你老爸、老哥在，怎麼可以不問問父兄的意見、聽到就去做呢？不多久，冉求又問了一模一樣的問題，結果，孔子的回答是，「聞斯行之」，聽到就趕快去做，少廢話！公西華一旁看得滿頭霧水，「赤也惑」，敢問到底是怎麼一回事？孔子答曰：「求也退，故進之；由也兼人，故退之。」因為子路和冉求的生命狀態大不相同，所給的答案自然也不一樣。

我們先談冉求。孔子曾評價冉求，「求也，藝」；冉求多才多藝，很有能力，曾經在孔子周遊列國時擔任過孔子在魯國的「代理人」。話說，當年孔子之所以離開魯國、周遊列國十幾年，是因為魯國掌權的大夫季桓子對他有所顧忌；季桓子到了晚年，臨去世前，卻特別交代兒子季康子將來執政一定要把孔子請回來。這很有意思。為什麼季桓子自己不去請呢？顯然，由他兒子來請，就沒有面子的問題；可他自己請，就有點自打嘴巴，面子會掛不住。再說，這也牽涉到孔子的感受；當初季桓子「攆」他，現在季桓子又派人請他，這都算啥跟啥呢？所以，季桓子顧慮彼此的面子，最後就把這事交給了兒子。等季康子掌政之後，本來也打算遵守父命，請孔子回魯，可後來跟幕僚開會，全盤了解狀態之後，想了一想，還是作罷。為什麼？因為孔子太大、太成氣候，總之，孔子很難用。

要重用一個大才，其實沒那麼容易。通常就兩個可能：一，你是更大的才，至少，心量要很大，像劉邦。二，承認自己沒能力，願意聽別人的，甚至肯照單全收，譬如劉備的兒子阿斗，老爸要他聽諸葛亮的，他就完全照辦；說實話，遇到阿斗這種君主，諸葛亮貌似倒楣，其實是一種幸運；大家想想，歷朝歷代有幾個臣子能遇到君主肯全面放手的機遇？

古來才大難為用，這是必然的。如果你是個不世出的大才，卻沒辦法做些心態的調整，其實擺在哪兒都不對勁；孔子越到後來，就越有這樣的尷尬。年輕的季康子初初掌權，要面對一個輩分那麼高、氣象這麼大的「屬下」，你想，季康子該如何是好？一旦用了孔子，哪天有啥事配合不上、看不順眼，連想說他幾句，可能都得猶豫半天、躊躇再三；換成你，你是用還是不用？

所以，季康子考慮了半天，決定還是不請孔子回來。但是，他又想借助孔子的能耐，那怎麼辦？於是，就找了一個替身：冉求。

冉求被召回魯國，孔子的心裡其實是有一點激動的；冉求等於先幫他試試水溫，或許將來他也有可能再重回魯國。因此，孔子對冉求寄予了厚望，而冉求也清楚，他得幫老師鋪鋪路。回魯國之後，冉求打了場漂亮的勝仗，季康子很高興，問道：「子之於軍旅，學之乎？性之乎？」你這麼會打仗，是天賦呢？還是有人教呢？冉求特別回答說：「學之於孔子！」

但在〈衛靈公〉篇的第一章，衛靈公問陣（行軍打仗之事）於孔子，孔子卻睜眼說瞎話，「俎豆之事，則嘗聞之矣；軍旅之事，未之學也！」禮樂之事，我確實知道些；可軍旅之事，卻沒學過，您就別問我了。其實，當時的士都是文武雙全，文士也是武士，孔子尤其是如此；孔子會打仗，軍旅之事他很清楚，冉求的話就是明證。但他不想跟衛靈公談這些，於是就瞎說一通。你看，咱們又「逮」到孔子「言不必信，行不必果」的證據了，呵呵！

回頭再說冉求。冉求有才華、有能力，但他有個大問題：在關鍵的時刻，他會被收買，會拋棄底線。所以，冉求在《論語》裡有個極特殊的角色——他是被孔子斥責得最徹底的一個人。他後來幫季氏聚斂，搜刮百姓，孔子非常憤怒，公開跟學生說，冉求「非吾徒也」，這人不是我的學生，「小子鳴鼓攻之可也」，大家可以去攻打他（《論語．先進第十一》第十七章）。等於是踢出師門、劃清界線，這話說得極重。所以，每次我去孔廟看到冉求的牌位排得那麼靠前時，都不知孔夫子若是地下有知，又該作何感想？

冉求在孔子心裡，真是既愛又恨。他有才情，有能力，可在某些節骨眼，大根大本卻會守不住。換句話說，他是個優柔寡斷之人，是個會動搖之人。所以，他問孔子「聞斯行諸？」孔子就回答：「聞斯行之」，聽到就馬上去做，別猶豫、別考慮。冉求是那種會三心二意的人，考慮越多，只會偏離主題越遠。

至於子路，他的個性衝動、魯莽，當然不能一聽就趕緊去做；孔子要他多踩踩剎車，凡事多考慮——問問老爸，問問老哥。（真的不行，就來問我吧！雖然我有時被你煩得要死；可是，我寧可被你煩，也怕你出事呀！）

這兩人個性迥然不同，所以面對同一個問題，孔子就給了兩個完全顛倒的答案。這就是因材施教。講得更確切些，每個人的生命都必然有其具體的平衡之道。你是一個太過的人，就需要被稍稍拉回一點；你是一個不及之人，就需要被稍稍往前推一下。

這其實是所有教育的原點。關鍵只在於，為人師者到底有沒有辦法精準掌握學生過與不及的施力點到底在哪？

動態平衡之道

這樣一個動態的平衡之道，涉及中國人最根本的生命觀。譬如中醫，講來講去，不在於對抗疾病，更不是消滅病毒，說到底，就是在講一個動態的平衡。事實上，天底下沒有一個完全健康的人，只要是平衡了就好。

我在《天清地寧》一書，有篇文章寫倪再沁老師（案：簡體版是《人間隨喜》）。倪老師是九〇年代台灣美術界第一健筆。他二十幾歲服兵役時，被檢查出來有肝炎，後來變成肝癌。退伍之後，隔三差五就住院、檢查。每次去西醫院檢查，西醫一定搖頭，覺得癌細胞已經太嚴重了，後來甚至嚴重到西醫連開刀都不肯，因為腫瘤已經太接近血管，一不小心就會割到動脈。西醫幾次都跟他說，剩下的日子，不會超過三個月。

後來，他遇到高雄一個中醫師。那醫師本來是台北榮民總醫院的專家，算得上是個腫瘤權威。後來他太太得了他專治的癌症，沒救回來，這對他的打擊非常大，從此對西醫起了根本的質疑，於是盡棄所學，去上海中醫藥大學重新讀中醫，後來在高雄開業。這個中醫把了倪老師的脈，跟他說：「你安心吧，沒事！你的癌細胞確實很厲害，但你身上的正氣也挺強大；兩者之間，恰好保持一個平衡；只要平衡維持得好，你還可以活一段不短的時間，絕對還有許多個『三個月』。」

這就是一個動態的平衡。從動態平衡的角度，大家也可以體會宋明以後的儒者出了什麼偏差。宋明理學家最喜歡講六個字：「存天理，去人欲」。真正了解中國文化的人都知道，人欲怎麼可以去呢？事實上，人欲不能去，也不能滅，最多只能轉。透過轉化，人欲跟天理能達成一個平衡，那就不容易了。如果你把人欲全都「消滅」了，最後就只有兩個可能：一，你真的變成神了；二，你變成一個假人。要麼，天天天人交戰，活得極度緊繃；要麼，就成了一個身心撕裂的偽君子。

蔣介石是宋明理學的信徒，常常在日記裡把自己罵得豬狗不如。說實話，對自己過度嚴厲不是好事，這是宋儒之風。對自己過度嚴厲、要求過高，只要時間一久，自然會發現自己常常做不到，這時就可能會變得自暴自棄，更可能活在一種內心緊張的狀態。大家知道，生命最核心問題的解決，通常都不是在一種緊張的狀態下解決的；相反地，越是寬鬆，才越可能解決得了。

上回我在北京講《史記》，有位同學是個攀岩教練，之前有個高難度的動作始終都過不去。他想盡辦法，每次都是努力、努力、再努力，可結果卻是失敗、失敗、又失敗。後來上完了《史記》課，他沒什麼努力，也不太費勁，忽然就攀過去了。這當然與我無關，但是跟劉邦有關。他受了劉邦很大的啟發。

有些事情不當回事，這事就不是個事；原來一直耿耿於懷的問題，可能就再也不是個問題。

嚴格講，也不是完全不當回事，而是在「當回事」與「不當回事」之間，保持著「若有似無」的狀態。換句話說，你必須能看到那個問題的存在，卻又不被它給綁住。只要你心裡沒被綁住的緊張感，你就有辦法跨越過去。

我們很多煩惱都是這樣的。越是緊盯著它，越想跟它拚搏，那些煩惱就越難解決掉。有時不把它太當回事，反而就跨越過去了。所以《史記．曹相國世家》寫曹參治理齊國時，特別交代繼任者，別輕易去攪動那些奸惡之人，要讓他們「安居樂業」；不要每天嚴打「犯罪」，想消滅所有的罪惡。即使面對奸惡，都應先保持某種平衡的狀態，在這平衡的基礎下，我們再來進行調整。

就像孔子面對他這一群學生，一方面得掌握每個人的平衡點，二方面又得謹慎地調整。一旦抓不準，或是太急切，反倒會製造出很多的問題。箇中的抑與揚、推跟拉，永遠都要有這樣一個動態平衡。

我們接著講子路。讀《論語》，很容易對子路印象深刻。子路很生動，很可愛，是個有缺點、有毛病的人。正因為有那些缺點與毛病，他才特別讓我們覺得可愛。所以，我們回家看另一半時，不要去想像一個「理想」、沒缺點的另一半。這種人不存在，縱使有，也絕對不可愛。對方必然有或這或那的一些缺點，我們面對這些缺點，其實也就是先知道了就好，千萬別想著要「改造」它。事實上，人是不能被改造的，最多只能被轉化；而且，轉也是他自己去轉，別人頂多也就給他一些因緣。真正轉化的發動與完成，根本仍在他自己。

這個世界之所以天不清、地不寧，正因為想「改造」世界的人太多了。家庭也一樣，別輕易去想「改造」任何一個人；即使親如夫妻，有些缺點最多就是在明白之餘伺機而動，找到關鍵點，碰一下就好，見好即收。別心存太多妄念，老想把對方改造成什麼樣子，這是我們必須要有的基本謙卑。老實說，我們連自己都改變不了，又何德何能改造得了別人？大家如果曾痛下決心想改變自己，就很明白，真要改變自己，又是何其困難？不信，大家去看看蔣介石日記，整天痛批自己，到頭來，又有啥用？

中國人說「大化無形」、「無為而治」，這世界倘使能變好，基本都得「潤物細無聲」，在不知不覺之時、若有似無之間慢慢轉化的。倘使要轉化別人，其實都得先把自己的生命鬆開。自己鬆開之後，對方轉化的可能性才會變大。一旦鬆開，你自然就不會想太多；對方能改最好，不改其實也是正常的。

不忮不求

子曰：「由之瑟，奚為於丘之門？」門人不敬子路。子曰：「由也升堂矣，未入於室也！」

——《論語・先進第十一》第十五章

這回子路彈瑟，被孔子批評了兩句。大家知道，子路本是個粗線條，彈起瑟來，多半有幾分毛躁；孔子一聽，忍不住就皺了眉頭言道：「由之瑟，奚為於丘之門？」我孔丘門下怎麼會有這麼粗魯、這麼急躁的聲音呢？孔子這麼一損，「門人不敬子路」，其他學生立刻就不太尊敬子路了。子路輩分高，是個大師兄；孔子一看，大家都不敬子路了，這哪行呀？大家太過了吧！於是，趕緊再拉他一把，說道：「由也升堂矣，未入於室也」，你們別不尊敬他，他都已經升了堂，只不過還沒入室罷了，真說差距，也就差那麼一點點；至於你們，可能都還未必升堂呢！

這一拉一放，很有意思。我們說一個人的氣象大，就在於能開能闔，能放能收。孔子剛剛先抑後揚，現在我們再來看看他怎麼先揚後抑。

子曰：「衣敝縕袍，與衣狐貉者立，而不恥者，其由也與！『不忮不求，何用不臧？』」子路終身誦之。子曰：「是道也，何足以臧？」

——《論語．子罕第九》第二十六章

那天，孔子當著大家的面表揚了子路，說子路即使穿著破爛的袍子跟一身華麗的人站在一起，也絲毫沒有半點的不自在。能這麼昂然挺立的人，恐怕就是子路了吧！

孔子說完之後，還引了一句《詩經》的話來表揚他：「不忮不求，何用不臧」，看到人家如此華麗漂亮，他既不嫉妒，也不攀求；這種人走到哪兒，肯定都是沒問題的呀！

老師這麼隆重表揚，子路忍不住就得意了起來，「終身誦之」，走到哪兒，逢人就說這兩句：「不忮不求，何用不臧」。子路如此反應，當然嗨過了頭，是不是有些得意忘形呢？於是，孔子又說話了，「是道也，何足以臧」，這本來就是該做的嘛，你得意啥？眼看子路已經發高燒了，當老師的，就趕緊得給點退燒藥；如果嫌退燒藥慢，乾脆就直接澆澆冷水吧！

這就是動態的平衡之道。當老師最要緊的，無非也就是這事。從「五四」運動之後，大學裡談中國學問，一定先要分個文、史、哲；但剛剛這樣生動的平衡之道，到底算文、算史還是算哲呢？後來很多人說起《論語》這樣的經典，首先，就是大談思想、哲學；但大家試想：孔子、子路這段對話，到底有什麼哲學？恐怕扯不上吧！至於思想，其實也沒啥思想不思想。準確地講，我們讀這則，讀到的就是一種生命狀態。今天我們多數人的問題，並不在於我們沒有哲學，也不在於思想不豐富，而是我們的生命狀態不算好。生命狀態才是關鍵，也才是中國經典的核心。今天很多人一讀傳統典籍，就告訴你孔子是啥思想，莊子又有啥哲學，說了半天，其實都是偏離主題，無關緊要。

當初編《論語》的人正覺得這樣飽滿的生命狀態只要能記下來，後人肯定就會受用、會被啟發的。讀中國的書，目的也在這裡——我們是要被啟發，而不是去學習什麼深刻的思想、系統的哲學。今天把《論語》一句句翻譯成白話、一章章分析，然後把孔子的思想條分縷析、說得明明白白，當真就會有用嗎？未必吧！用西方哲學的思維來談中國學問，其實是牛頭不對馬嘴，壓根就是不對。但當我們跳脫西方思維，不心存「思想」、不滿腦子「哲學」，直直接接看孔子與子路這麼一應一答時，肯定會有些感覺的。這感覺才是真的。如果脫離這種感覺，只純粹在大腦裡思辨，那思辨與實際的生命終究仍隔了一層，不相干的。

正因如此，我們讀《論語》才要讀沒有注釋的白文。畢竟，少掉一些注解、分析，直接讀原文，反而更容易讀到子路的可愛與孔子的生動；這是屬於生命層次的東西，自然容易產生某種能量，一旦產生能量，書就沒白讀了。

陰陽調和

子曰：「唯女子與小人為難養也！近之則不孫，遠之則怨。」

——《論語・陽貨第十七》第二十四章

接下來，大概是孔子被修理得最多也最容易讓人產生反感的一章吧！雖然講的是「女子」與「小人」，但絕大多數人都會把目光緊盯著「女子」二字。

這一章可以分三層來說。

第一層，如果從世間常情的角度來講，這一章可能就是孔子在某個特殊情境下講出來的話，譬如，那天他和孔師母有了啥爭執，正在氣頭上，恰好碰見了學生，於是脫口而出，就說了這麼一句話；不高興時講幾句氣話，失了準頭、有些偏頗，都是人之常情，其實也不必做過度的延伸。

第二層，孔子這話若客觀來說，雖然有點以偏概全，但確實可部分成立；有一部分的女性（數目可能還不少），或多或少都有這麼一點「近之則不孫，遠之則怨」的味道，這是個事實。只是孔子特別與「小人」並舉，聽了就容易引起反感。當然，我記得南懷瑾先生也曾說過，大多數的男子其實都可算是「小人」，也同樣都有「近之則不孫，遠之則怨」的問題。如此一說，等於兩邊各打五十大板，大家各自反省，也就行了。老是這樣對孔老夫子窮追猛打，我們自己也不會有啥助益。

至於第三層，可能就牽涉到中國文明中黃老與儒的根本差別。如果與儒相較，黃老的天道無親、生殺同時，基本上是一種更男性的生命狀態、也更男性的思維，可同時，黃老卻特別能領略女子的好處；老子說柔弱勝剛強、上善若水，都格外能看到女性的長處。這很有趣，也看似矛盾，可實際上是陽中有陰、陰中有陽。如果用更平常的大白話來說：假使你是一個真正徹底的男人，你就有辦法領略女人的好；倘使你看不出女人好在哪裡，你可能就只是一個半吊子的男人。

相比之下，儒家就比較沒辦法領略女子的好。尤其宋明之後，儒生跟女人的關係更是有一定程度的緊張。於是，他們把女人拘閉起來，大門不出、二門不邁，甚至連纏小腳這樣的事情也出現了。這些事的出現，絕非偶然，其實跟後來中國文化整個氣象的萎縮是息息相關的。宋明之後，男人好像是用更多形式上的權威在壓女人。我們必須承認，從宋明之後，中國的男女關係確實有那麼一點不健康。如果追溯到儒家的始祖孔子，他生命裡面是不是也偶爾有那麼一點點緊張呢？這也難說。如果真有那麼一點點緊張，我確實也沒辦法幫孔子做太多辯護。

在中國文明的系統中，一向最重視陰陽的調和。《史記》陳平答漢文帝問，丞相職責之一，就是「理陰陽」。所謂「理陰陽」，聽來有點抽象，可落到實處，最具體的陰陽，其實就是男女關係。

中國現在的男女關係實在太不健康，搞到男人一個個很痛苦，而女人一個個更痛苦。上海有個記者對我言道，她母親那一輩的上海女人（所謂上海本地女人），自我意識特別強大，女權意識也根深柢固，可一到晚年，大多數卻都自覺不幸，都很不快樂。上海的陰陽失調，可能是全中國的某一種典型。

相較於上海，廣東的潮汕地區就形成一個有趣的對比。上回我去深圳，有個政委跟我聊到，潮汕是全中國非常特殊的地方。特殊在哪兒？現在全中國幾乎沒有一個地方的婆媳關係不緊張，包括台灣也一樣，但潮汕地區卻一直問題不大。問題不大的原因在於，他們在家就是婆婆最大，沒什麼好爭執；媳婦一方面認命、謹守本分，二方面也清楚，反正有一天也會媳婦熬成婆；大家各正其位，就不會有太多的問題。這跟中國傳統思維沒什麼太大兩樣，跟《紅樓夢》所描述的家庭狀態也差不多。

《史記》記載，有一次漢文帝堅持要御駕親征、討伐匈奴，不論文武百官怎麼勸，文帝都不為所動；可後來他媽媽薄太后表了態，反對他去，結果漢文帝只好鼻子摸摸，就不去了。看來，皇帝再大，他媽可能比他更大。這其實是中國式家庭的特色。婆婆輩的人，基本不介入具體的事情；原則上裝聾作啞、不聞不問，這是她的身分地位該守的「本分」。就像賈母每天只負責跟那群孫兒嘻嘻哈哈，可到關鍵時刻，表個態，自然有她的分量。潮汕地區直到如今，家裡面的婆婆都還有這樣的分量。

同樣地，潮汕地區夫妻之間的關係，可能也跟一百年前中國的狀態差不了太多。男人負責賺錢養家，這是他的責任；至於在外頭具體做了什麼事，和什麼人來往，女人不太清楚，也不太管，女人只負責把家裡的細節打理好。彼此內外有別，又有種寬鬆。這樣的關係，就有一種中國式的平衡。

在中國式家庭的平衡裡，男人像家裡的神主牌，精神象徵大；女人則具體操持，如厚德載物。男人多半是虛的角色，而女人則較多是實的角色。我常常開玩笑說：中國人的孝順「父母」是講假的，多多少少，是給男人一點面子，虛名罷了！準確地說，其實是孝順「母父」，基本是孝順媽媽，順便也孝順一下爸爸。大家試想，小孩出門在外，往家裡打電話，多半都是找媽媽。等到年紀大了，離得遠了，思念的也仍多是老母。戲曲向來有「四郎探母」、「李逵探母」，誰在探父呢？對不對？這就是中國式家庭的陰陽平衡。在陰陽與虛實之間，大家各正其位、各司其職，就會達到一個平衡。

不幸的是，現在全中國在談家庭的人，幾乎都是搬西方男女平等那一套；結果不談還好，越談，家裡只會越亂套。至於談國學的人，則是大多數不碰家庭這一塊。但是《中庸》裡面有一句非常重要的話：「君子之道，造端乎夫婦。」中國文明的基地是家庭。如果不談家庭，中國文化的重建就絕對是個「空中樓閣」。

講到家庭，核心就是母親。中國最重要的教育，是母教。今天大家都在講中國的教育問題有多嚴重，然後進行各式各樣的教育改革；說句不客氣的話，所有這些教育改革都是無關痛癢的，因為碰不到要害。中國教育現在最重要的不是把北大、清華變成全世界最好的大學，甚至也不是辦幾間很好的書院。最核心的問題，是要把母教給恢復，要讓每個母親扮演中國教育最關鍵者。

我的朋友詩人楊鍵說道，中國文明重建的基礎，是要有一個個的好妻子與好母親。這話說得好。事實上，中國歷史上所有的偉人，絕大多數都是媽媽教的。中國最重要的教育場所，從來就不是什麼北京大學、嶽麓書院，統統都不是。中國最重要的教育場所，就在每個家庭；中國教育最重要的執教者，則是一個個孩子的母親。有什麼樣的媽媽，就有什麼樣的小孩；母教是中國最最核心的教育。這一點很重要。蔣介石後代的教育問題，恰恰也出在這裡。根本說來，宋美齡算是半個美國人；老蔣那種儒家性格的人遇到這種人，能不能在家庭教育中找到一致的主軸，都還是個大問題。後來蔣經國的夫人蔣方良更是個俄國人，又是異文化，真正要教小孩，肯定有不知從何教起的衝突與矛盾。所以，蔣家第三代就很難成器了。

因為母教出了問題，導致蔣家第三代統統不成器（蔣經國外頭所生的章孝慈、章孝嚴例外，但他們二人在蔣經國生前不被認可，無法認祖歸宗）；也因為蔣家第三代不成器，再加上其他種種複雜的因緣，才促成蔣經國晚年做出關鍵性的決策：解除黨禁、報禁，搞民主化。也因此，才會有台灣今天不知從何說起的困境。這真是一環扣一環。所以大家發現，家雖小，有時影響卻有多大?!

孔子的大實話

子曰：「民可使由之，不可使知之。」

——《論語．泰伯第八》第九章

這一句歷來爭議極大。現在許多儒者談到這句，都必須講得彎彎曲曲，想盡方法來幫孔子「解套」。有的人講得言不由衷，有的人則講得天花亂墜。我的看法是，這一章很清楚，也很簡單，根本不必拐彎抹角幫孔子找各種「說法」；孔子的意思就同字面所說的，很多事情只能讓老百姓照著做，誰也沒辦法讓老百姓把事情的前因後果都搞得清清楚楚。

在今天所謂的民主時代裡，這一章當然聽來刺耳。尤其在面對所謂「人民」時，誰敢提這一章呀?!但孔子講的，是個事實，是一句聽了讓人不舒服的大實話。我們必須承認，一般人的確是只能「由之」，只能照著做。誰也沒辦法讓所有的人都搞清楚事情的來龍去脈、前因後果，然後知道為什麼要這麼做。事實上，你如果真為他好，就不用跟他講那麼多道理，也不要跟他分析太多；講多了，有時只會害了他。

尤其是教育孩子，更該如此。大家千萬不要落入一個迷障，認為小孩要跟他多講道理、啥緣由都讓他清楚。小孩最要緊的，是讓他知道該怎麼做。我常講，中國人的教育不是老去問「十萬個為什麼」，而是要關心「十萬個怎麼辦」。今天小孩能懂得孝順父母、體諒別人，那就非常好；並不需要明白為什麼必須要孝順父母、體諒別人。許多事不必太說道理，只要培養孩子有做的能力即可。今天只要他做得好，這輩子就能受用，未必要搞得多麼清楚。

按現代人的思路，我這麼講，肯定要被罵作「愚民」。但我必須要說，在某些時候，「愚民」是對的。「啟迪民智」、「一切以民意為依歸」這類的說法，當然中聽，可未必誠懇；這類說法，常常是某些別有用心之人的修辭。老子說「古之善為道者，非以明民，將以愚之也」，這與孔子所說的「民可使由之，不可使知之」，都是深明事理之後說出的大實話。有些人不能開發他太多聰明，開發多了，不見得會變得懂事、明白事理，可能只會變得工於心計、自我中心。很多人的聰明被不恰當地打開之後，就失去生命中原來該有的質樸和大氣。這正是莊子在〈大宗師〉所說的那個寓言：一旦混沌被鑿開了，最後，七竅開而混沌死。

小孩尤其是如此。混沌不要太早打開，不要太早就像個小大人一樣，啥都頭頭是道，啥都進退得體。小孩要有點笨拙才好，不要太早開發聰明，更不要太過伶牙俐齒。一旦伶牙俐齒過度，他的聰明就容易落入算計、變成機巧。一算計、一機巧，他這輩子大概就很難過得安然，旁邊的人日子也不好過了；越多這樣的人，這世界就只會越不清寧。

某些聰明的東西，都得適可而止。這種「適可而止」的分寸拿捏，其實比大家想像的都還更困難一些。

正因為「民可使由之，不可使知之」是句大實話，所以受過現代民主「洗禮」的人兒一個個都不愛聽。喜歡聽假話，本是人的通病；可受西方資本主義與民主政治的雙重影響，現代人卻是變本加厲。且不說滿大街迷眩人心的廣告說詞，即使真實世界中，很多女士不是也都喜歡聽男人跟她說「我愛你」嗎？尤其「進階版」的「我永遠愛你」，明明是徹底的假話，有不少人還是聽得痴痴迷迷。中國古人不喝那麼多迷湯，所以一向不說這種渾話，古人的生命狀態也因此比我們好得多。中國人自古以來是「大恩不言謝，大愛不言愛」，正如上回所提的「大信無信」，孔子一方面要立人世之大信，說「朋友信之」，但在某些關鍵時候，卻可以拋開世俗所執念的小信小諾；這樣拿得起又放得下，才是真正的大信。大信無信，才可以不被信給拘執，不被信給束縛。同樣地，大愛不言愛；老是談愛，你那個「愛」肯定有問題。所以在家庭裡，中國人其實是連「請、謝謝、對不起」都不太說的。越是親人，就越不必有那麼多的客套與繁文縟節，甚至還可以有那麼一點點的無禮。

認真說來，「禮」當然是必要的，但在某些時候，則應該要被超越的。家人間該有的規矩一定得有，但家裡也應該允許有某些的沒規矩，這其實與「大信無信」是同一種中國式思維。全世界大概只有中國的女人會喊自己的丈夫「死鬼」，可全世界也大概只有中國的女人對自己的丈夫如此視為至親（中國人不是把男女結婚說成是「成親」嗎？）。這其實是很了不得的智慧，中國的庶民百姓也一向都有這樣的智慧。我們不必被那些西化的文化人牽著鼻子走，不必老瞧不起我們的含蓄與不擅於表達，更不用焦急地想學習如何表達我們的愛意云云。中國人不信這一套，我們玩的是另外一個東西。

身邊有大師

上回有場講座，到了提問環節，某一位男士問道，西方的歷史中，自蘇格拉底、柏拉圖之後，就不斷有大師輩出；反觀中國，從孔子、老子以後，因不斷地注經、解經，從此就再也沒出現什麼大師了。

對此，他問我有何看法。

憑良心講，這是個很老掉牙、也很西方中心的問題。我還沒展開談話之前，只先反問他：有沒有大師，跟你什麼相干？

這時，但見他眼睛一亮，整個人突然打開似的。如果用古人常用的字眼來說，或許，就是「悟」了。當然，你要說這是「開悟」也行；只不過，「悟」字較平常，「開悟」則有點神叨叨，也被用濫了，所以我不太願意用這個詞。

一個語彙剛用時，肯定都是新鮮的；就像「仁義禮智信」，一開始也充滿了生命力，可用久了，到後來不僅陳腔濫調、甚且還充滿著道學味時，我們就不適合再多講了。「開悟」也是一樣。這字眼被太多神棍拿來自我標榜、整天叨念，早就有點異化了。尤其有的人對「開悟」有種錯覺，以為只要「開悟」了，從此就啥問題都沒有了。「悟」通常不是這樣的。正常的「悟」，就像那個男士一瞬間整個人突然亮了起來，但是睡了一覺，可能隔天又不是那麼清晰了。畢竟，悟有小悟，有大悟；但即便是大悟，過陣子都還是可能退轉的。這其實是人生的常態。就像一個人即使身體健康了，仍然還會再生病一樣。

那位男士的問題，可以稍微再展開一下。中國後代綿延不斷的注經、解經，好處就是尊重傳統。尊重傳統是件非常了不起的事。尤其在我們當代，更該予以強調，畢竟，我們都太輕蔑傳統了。可是，任何事情過猶不及，中國在某些時代又過度地尊重傳統，尤其宋明以後那樣地匍匐在聖人的神龕底下、連大氣都不敢喘一下的狀態，大概就不會有太多生命力了。

所以，今天我們面對傳統，還是應該學學孔門弟子（尤其子路）面對孔子的態度。該尊敬，絕對尊敬；該質疑，得質疑；偶爾頂兩句，即使頂錯了，也無妨，這樣子才更健康。別弄到大氣都不敢喘一下，然後認為大師講的、經典說的，沒一句有問題；即使看到有問題，也想辦法把它解釋成毫無問題。這樣注經、解經，當然不是好事。

說實話，《論語》大概是所有經典裡面最清楚、最好解的，但一經歷代儒者無窮盡地注解之後，卻成了一個無底洞；一則越解越眾說紛紜，二則解了半天也搞不清楚與我們的生命究竟有啥相干？

注解了半天，卻落到與生命無關，這恰恰是莊子「得魚忘筌」那話的徹底悖反。為了避免悖反成「得筌忘魚」，我們談所有的學問都必須自問：這與我們自身，到底有什麼相干？這是原點，也是終點。所有學問萬變不離其宗，都不能偏離這個主題。學問這事很麻煩，一不小心，就會偏離主題。越有學問的人，越容易「得筌忘魚」，偏離得也越厲害。真正有學問的人，常變成看似沒啥學問、不太在意「筌」的狀態。反之，那種整天滿腹經綸的姿態、一嘴「筌經」的人，往往最沒生命力。

信佛也一樣。信佛是大好事，可因信佛而誤入歧途的人實在太多了。修行亦是如此，一個人不懂修行很糟糕，可滿嘴修行更糟糕，對不對？一談修行，很容易就走入魔道，因為魔道太吸引人了。只要看來很迷人的，多半都可能是魔道。正道大多稀鬆平常，就好像家常菜一樣。

氣象大，不必純粹

再回到那位男士所提老子、孔子之後的大師問題。第一，他所說的，有一部分的確是事實：後來中國解經、注經的傳統，確實是過了頭。第二，並非事實的是：後代真正了不起、配得起「大師」一詞的人，還是多得很。譬如，司馬遷就非常了不起，他的生命氣象與孔子基本是同一等級：好而知其惡、惡而知其美，司馬遷看得到每個人生命中那閃閃發亮的地方。《史記》最後一卷〈太史公自序〉對先秦諸子的鳥瞰式總評，也跟《莊子．天下篇》是同樣的大氣象。但也正因如此，後代有某些偏狹的儒者就對司馬遷不滿，覺得他不純粹，這也喜、那也愛，對啥都有好感。可實際上，氣象大的人因為沒潔癖，啥都容得下，所以看來好像有雜質，但這都是好事。真正氣象大的人，壓根就不必純粹。

司馬遷在《史記》所展現的氣象，是中國文明最頂級的東西。要講大師，那就是徹徹底底的大師。雖然宋明之後，帶著潔癖的純儒成了主流，但在這主流之外，依然有不少氣象很大的人，只不過他們沒浮上檯面，我們未必知道罷了。

中國歷朝歷代，沒浮上檯面的高手比比皆是。這是我們讀《史記》必須要有的一個基本常識，否則我們就無法解釋，為什麼到了秦朝末年會突然冒出那麼多的高手？這些高手除了張良是韓國貴族之後、算是有些背景之外，其他人像劉邦、陳平，那是什麼樣的出身？早先都還讓人嘲笑呢！蕭何、曹參，不過就是縣級的公務員，樊噲還是個屠狗的呢！可是，只要時機一到，這些人一個個精采、一個個厲害。所以，咱們別輕易說這世界沒大師、沒高人；說這種話，只反映出自己的偏狹與無知罷了！

就像現在大陸許多知識分子喜歡講「民國以後沒大師」，事實上，自一九四九年之後，譬如南懷瑾、胡蘭成，哪裡不是大師？南、胡的生命高度、對中國文化的掌握，其實都遠超過知識分子口口聲聲所說的「民國時代的大師」。反過來說，現在很多人說季羨林是國學大師，那就落於另一端，也言過其實了。說白了，他就是個很認真的學術工作者，懂很多的外國語，這滿好，也滿了不起的，可問題是，這跟中國文化不太有關係吧！季羨林談中國文化，可曾有啥亮點讓孺慕中國文化的人眼睛為之一亮？我想，應該是沒有吧！在這個層次而言，他之所以被標榜，顯然不是因為對於中國文化有多麼深刻的體會與理解，而是因為某些外在的因素。因素之一，可能就是他在北大待得很久，北大又掌握了話語權罷了！

每一個時代，都會有類似的問題：當下掌握了話語權，因而被捧得比天高，可經過了數十、百年後，可能卻煙消雲散，啥都留不下了。譬如，李白有篇著名的文章，叫〈與韓荊州書〉，韓荊州當年名望極高，只要一經青睞，獲得他的舉薦，幾乎就可飛黃騰達；才高八斗如李白，都得特意寫信給他，希望獲其認可，得其舉薦。結果，這麼一個「顯赫」之人，經過一千多年後，如果不是因為李白這篇文章，還有誰會知道他韓荊州呢？畢竟，很多的聲名烜赫，常常是一時的；經過更長時間的沙汰，或許又會回到一個更接近真實的狀態。

最後，我們再做個小總結：孔子、老子、司馬遷這樣的人，當然是大師，但大師與否，並沒那麼重要；即使孔子不是所謂的大師，只要我們讀了《論語》，某些話打動了我們，因而受用，那就夠了，至於是不是大師，就留給那班學者去折騰吧！所有的學問，都該回到這個原點。反過來說，即使一個很普通的人，我們聽其言、觀其行，有時也會有種醒豁感，突然明白了些什麼，這時，此人給我們的教益，就遠比那些所謂大師重要得多了。

於是，我們就可以對底下這章更有些感受：

子曰：「三人行，必有我師焉。擇其善者而從之，其不善者而改之。」

——《論語．述而第七》第二十一章

三個人一塊走著，只要仔細看看身旁之人，必定可以獲得教益。旁人有動人之處，咱們心生佩服，趕緊向他看齊。旁人有不足、甚至是不堪之處，咱們引為借鑒，提醒一下自己，倘使有同樣的毛病，當然就想辦法改改。

今天，如果我們有辦法從身旁之人獲得一次次醒悟，這身旁之人，正是孔子所說「必有我師焉」的那個「師」；如果這個醒悟的力道很大、能量很強，那麼，這人不僅是「師」，還是真正的「大師」。反過來說，如果孔子講了半天，咱們無法學到任何東西、生命沒有半點改變，那麼，不管他是再怎麼了不起的「大師」，總之，都是不相干的。

我有個小學同學，年輕時在王永慶的台塑公司當個技術員。有一次，操作出了意外，被機器碾過，兩根手指頭就沒了。得知消息後，我帶著南懷瑾的《論語別裁》去醫院看他；一進病房，只見他全家人一片愁雲慘霧，正擔心他受傷後會丟掉工作，將來生計無有著落。我跟他說，將來之事，不用擔心，你會因禍得福的；眼下躺在醫院，閒著也是閒著，就讀讀這兩本《論語別裁》吧！

我不會算命，之所以確定他會因禍得福，是基於一個簡單的判斷：王永慶這種老一輩的企業家，有其古風，他們通常會視員工如子弟。王永慶曾說過，台塑集團最大的資產就是員工，所以台塑從不裁員。我因此判斷，這樣的企業斷乎不可能將因公受傷的人攆走。受傷之後，我同學既然不能在生產線上繼續當技術員，肯定會轉成行政職務。他腦袋靈光，又有幾分江湖氣，轉成行政工作後，跟人打交道必定比早先跟機器打交道更容易有發展。當時，我直覺如此；後來，他果然轉到行政崗位，做得如魚得水、稱心如意。

後來他讀《論語別裁》，打開了生命一扇窗。出院後，問我還有啥書可看，我要他把南先生的其他書都找來讀讀，此外，「胡蘭成先生的書如果你讀得下去，不妨也看看。」後來，他把胡先生全集買齊了，一本本都看了，說道：這個很深，大半都看不懂，可看得懂的部分，卻讀得很爽。

從受傷之後，他的人生開始轉折，從此，氣象一新，生命狀態越變越好。最近，他跟我說道：「你是我頭一號貴人，另外，我還有第二號貴人：就是我老婆。」他太太這幾年學書法，整個人變了很多；他覺得老婆有種他所欠缺的沉穩與安定，特別不簡單，他每回看著看著，總不禁讚歎。

說實話，單單這樣的讚歎，妻子就不僅是他生命中的貴人，更是他生命中的「大師」了。一個善於學習的人，正是如此模樣；未必要跟著大家擠破頭去拜見南懷瑾，更不需要眼巴巴去找季羨林、余英時等等時人眼中的所謂「大師」。單單就在身旁尋常之人，不假外求，也可以有辦法從中領略許多。這就是孔子所說的「好學」。

善於學習，是一個人最重要的本領。讀《論語》時，我們發現孔子稱讚人的說法各式各樣，其中一條，卻是他最在意的：「好學」。被他評價為「好學」的，除了一個背景不太清晰的孔文子之外，就只有兩個人，一是顏回，另外一個，就是他自己。

「好學」為什麼如此重要？因為，只要你好學，就意味著生命有種柔軟與彈性；有此柔軟與彈性，生命就充滿翻轉的可能。恰恰當我同學意識到他太太是他的貴人也是他生命中的「大師」之時，他家裡的氛圍就不知不覺開始轉變了。

所謂學習，學了半天，最要緊的無非就是學這個東西；「三人行，必有我師焉」，只要心一打開，身旁就可能出現我們生命中的大師。如果這樣子來讀

《論語》，自然就會受用；如果這樣子讀《論語》，《論語》就會與我們無有隔閡，漸漸成為一體。

接地氣

心一打開，所謂學習，範圍自然就可以再擴大。

有位記者採訪時提到，宋明以來的書院，應該都不到田裡勞作；可現在大陸的某些書院、學堂與私塾，卻都很強調農作。這跟宋明真正書院的傳統其實是不一致的。

他問了我看法。

我說，這裡頭有兩層。首先，千萬別把宋明以後的書院當成標準範本。宋明以後書院的某些精神可以參考，但不見得就是最好的狀態。宋明之後讀書人有某種程度的異化，他們常常不接地氣，四體不勤、五穀不分，因此與民間多有隔閡。其次，讀書人與土地相當程度的連結，擴而充之，亦即讀書人與民間的相互聞問，都還是必須的。我們看看論語底下這章：

樊遲請學稼。子曰：「吾不如老農。」請學為圃。曰：「吾不如老圃。」樊遲出。子曰：「小人哉樊須也！上好禮，則民莫敢不敬；上好義，則民莫敢不服；上好信，則民莫敢不用情。夫如是，則四方之民，襁負其子而至矣，焉用稼？」

——《論語．子路第十三》第四章

這一章，大家多半會注意孔子強調士人最該關心的不是「學稼」、「為圃」，而是禮樂大事。這當然沒錯。但我們也應該想到另外一層：為什麼樊遲會跟孔子問「學稼」、「為圃」呢？這不證明孔子肯定對於農作、園藝之事也是多少有些明白的嗎？否則，樊遲又何必去問他呢？同時，孔門弟子會去問老師這事，肯定他們跟土地也有一定的連結。這樣的連結以及後面更緊要的與民間的相知相悅，是中國文明的一件大事。一旦這連結斷了，相知相悅也不見了，就是讀書人開始異化了。

這樣的異化，用今天的話來說，就是不接地氣。中國讀書人的不接地氣，除了有宋明以來的包袱之外，自民國之後，更日益嚴重。這當然是受了西方知識分子的影響。西方知識分子強調學術分工，開口就是專業；他們是完全不接地氣的，甚至有人還覺得越不接地氣越好，因為如此才能更純粹、更心無旁騖於專業。西方不少大學問者不僅不接地氣，還不近人情，生活能力也很貧弱，整天就活在自己所謂的專業世界裡。

將來中國文化要重建，首先，讀書人得重新接上地氣，重新跟民間產生聯繫。大陸現在的國學熱，有些標榜傳統文化的人其實是非常不接地氣的。一是純儒，整天以天下為己任，對一般百姓卻正眼也不看一眼；另外，就是一批人過度風雅，每天彈古琴、唱崑曲、品沉香、喝普洱，優雅得不得了，但是，生命就是少了接上地氣該有的厚實。

今天的讀書人，未必每個人都要種地；但不種地，也可以種個菜；沒辦法種菜，至少也該認得菜；起碼去市場買菜，要有能力分得清。我自己種菜的本領挺差，每次都種得不咋樣；但我到市場買菜，什麼蔬菜合乎時令，什麼蔬菜有無農藥、有無化肥，還是判斷得出來的。我想，這應該是最起碼的。

君不君，故臣不臣

齊景公問政於孔子。孔子對曰：「君君、臣臣，父父、子子。」公曰：「善哉！信如君不君、臣不臣，父不父、子不子，雖有粟，吾得而食諸？」

——《論語．顏淵第十二》第十一章

這一段齊景公與孔子的對話，讀來有點好笑。孔子講的，是齊景公必須君有君道，否則，底下的臣子免不了會臣沒臣道。可齊景公在意的，不是孔子要他君有君道，而是想著：臣子萬一不臣之時，那他該怎麼辦？「雖有粟，吾得而食諸？」

看齊景公這麼反應，我們只好提醒自己：聽人講話，別老是選擇性收聽，淨挑些自己愛聽的，然後斷章取義，做片面的解釋，最後扭曲了原意，不僅聽了白聽，甚至還聽了有害。齊景公就是個典型。

幸好重點不是齊景公。齊景公沒聽明白，不要緊；齊景公斷章取義，也不重要。關鍵是：咱們弄清楚了沒？

從「五四」運動以來，孔子講「君君臣臣、父父子子」這八個字，一直被批評得很厲害。但是，這八個字是整個儒家乃至於整個中國文化很重要的核心；如果把這八個字給否定掉，那麼中國文化就談不下去了。

這八個字讓人反感，不是沒道理的。自宋明以後，君臣的關係就不算健康，一直有種內在的緊張。尤其五四運動高舉德先生、賽先生以來，「君」更變成一個負面的字眼。可雖說如此，我還是建議大家先把這個反感暫時放下，試著持平地看這個字眼。畢竟，五四運動已過了將近一百年，當時的特殊歷史背景已然不再，我們該跨越過去了，不能老用一百年前的思維來對應當下的情境，更不能用驟然移植的西方經驗，來鄙薄我們綿亙五千年的文化基因。

老實說，孔子這八個字是很平常也很簡單的道理。今天，如果你在一個單位（不管是政府或企業）當個領導，你就是「君」。你盡到領導該盡的責任，展現一個領導該有的氣度和膽識，把「君」位坐好了（也做好了），你的手下才可能盡到部屬的責任（也就是為臣之道）。如果像某些爛領導，不論是能力、膽識或氣度，統統不行，他的「君」位自然會逐漸空洞化，剩下個形式；如果一天到晚再擺個架子，用那個形式來壓人，最後屬下當然不服，甚至要造他的反。這就是君不君、臣不臣。

君臣關係其實就這麼一回事。小至一個企業老闆，大至國家領導人，雖然複雜程度有別，可根柢說來，道理仍是一致的。所謂「君君臣臣」，就是作為一個君，要有君的樣子，「君德」必須配得上「君位」；德能配位，這時臣才會有臣該有的樣子。君如果不君，君的德不匹配君的位，臣自然就不臣。

「父父子子」也一樣。現在很多家庭都覺得孩子難教，這沒錯；可孩子之所以難教，到底是孩子問題多一些呢？還是感慨孩子難教的家長問題更多一些呢？孩子當然有其問題，但問題的核心，常常只是因為他們的老爸不太像個老爸，老媽也不太像個老媽。當父母親已經「德」不配「位」，失去（或做不到）該有的風範與分寸，甚至壓根就沒有「位」的自覺，概念上也根本放棄該有的示範角色時，小孩自然就難教，問題也自然就層出不窮。關鍵不在於小孩變壞了，而是爸爸媽媽沒有做到爸爸媽媽該有的樣子。父不父，當然子不子。假使父母親「德」能配「位」，有該有的樣子，即使小孩未必全好，至少也不至於會有「孩子越來越難教」的感慨。這就是「父父子子」。

同樣的邏輯，學校裡其實也是「師師生生」；老師有老師的樣子，學生才會有學生的樣子。老師如果錯位在先，或者不具備相當的師德來匹配師位，學生自然就沒個樣子；老師不能正位，即使教學再認真，學生也未必會買帳。

所謂「君君臣臣、父父子子」，就是各正其位、各司其職。作為君、父，該有的威嚴要有，該有的氣度更要有。當臣不臣、子不子時，通常就只是因為上頭的君不君、父不父。孔子這話如果講給一個有悟性的人聽，當下就會明白，問題的根本在於自己。中國的學問談來談去，最後總要拉回到自己。一言以蔽之，就是孔子所說「古之學者為己，今之學者為人」的「為己之學」。

所謂「為己之學」，可以分兩層來說。第一，一般人學習容易迷失在諸多的枝枝節節，更容易迷失在思辨與知識之間，因此，學習必須直探核心，清晰地察覺到：學這與自家生命何干？學這能有啥受用？如若不然，所謂學習，常常就變成是逐物；學得越多，只會離題越遠。第二層的所謂「為己之學」，是生命一旦遇到了挫折與困厄，得學會回過頭來，察照到自己哪兒出了問題；至少，在某一個環節，我們肯定是得負點責任的；這環節不管再怎麼隱微，都應該設法找到。銅板沒兩個不響，一件事別人再怎麼有千不是、萬不是，至少我們總會有一、兩個不到之處。別人的千萬個不是，我們很容易看得到；可自己的那一、兩個不到之處，真要察照到，就需要些悟性了。所謂「悟」，首先就是看到自己這隱微的不到之處。這種察照自己局限與不足的悟性，就是「為己之學」的核心。

從「君君臣臣、父父子子」這樣的「為己之學」來看，整個中國文明不論上至一國政治，抑或下至一個家庭，原理都是一致的：每個人各正其位，清楚自己的分際，做該做的，守該守的；擺在哪個位置，就有那個位置該有的模樣。今天我是我兒子的老爸，就要有老爸的樣子；轉個身去，面對我父親，我自然要有人子該有的樣子。

二〇一四年三月，我父親生了一場大病，腦溢血，醫院發了兩次病危通知單。醫院說必須開刀，但開刀後，要不救不回來，要不也會成植物人。我們沒理會醫院。半年後，恢復得不錯；恢復速度之快，已近奇蹟。這裡頭，有著很多人的努力。最直接的，當然是我母親無微不至、任勞任怨的照護。再者，我們兄弟之間彼此一致，從頭到尾都用中醫處理，基本避免掉西醫許多無謂的醫療折騰。在這個恢復過程中，連我三個小孩都有些貢獻。我父親中風之後，因腦神經受損，有些語言障礙，許多事情也記不清，跟別人交流就成了問題，因此，極不願意出門。於是，小孩仨就使勁拖著爺爺到外面散散步、運運動，然後又纏著他講話，沒事就東拉拉、西扯扯。幾個月下來，爺爺行動明顯恢復，多多少少，也願意說說話了。

在這段時間裡，我帶他看了兩個中醫。其中一位，在台北。幾次從南部交通輾轉到台北，說實話，挺費事的，而且費用也不算少。所以，每次我帶父親去台北，他必然都會叨念半天、數落一頓。但作為一個兒子，被他罵罵、數落數落，其實也是正常的。如果他罵我一次，我就覺得委屈，覺得自己做得這麼辛苦，沒功勞也有苦勞呀?!你還不知道感激我……如果這樣，就成了什麼？「施勞」，對不對？反正，只要大方向是對的，得做，那就做吧！他發發牢騷，數落一下，罵幾句，這都是小事，無所謂！

家裡面每個人各正其位，把自己的位置坐好了（也做好了），這個家才會興旺，也才有辦法逢凶化吉，不是嗎？

民主與民本

家如此，國亦如此。今天要談各正其位，要談「君君臣臣、父父子子」，所遇到的最大困難是：從「五四」運動以來，我們早已被民主的觀念給徹底禁錮，一碰到「君君臣臣」，就本能地起反感，連聽都不想聽。尤其越自詡「開放」的人，常常被這種反感「禁錮」得越徹底。因此，如果各位不只是嘴巴標榜著「開放」，而是心裡確實還有份可能性的話，我願意直接跟大家說：將來中國倘使要真正走出一條路來，首先，就是要拋開某些僵化民主思維的「枷鎖」。

所謂民主，咱們可參考，但別太當真。

如果各位在家裡徹底落實民主，一切以民主為原則，通常製造的問題會比解決的問題多很多。同樣地，如果想讓一個國家紛爭不斷、事情沒完沒了，最好的方法，就是完全採用西方教科書裡的「民主化」。事實上，中國不需要西方式的「民主」，只需要孟子所說的「民本」。一個為政者時刻把百姓的問題放在心上，「民為貴，社稷次之，君為輕」，同時又體察民情，讓下情能夠上達，這就是民本。

以民為「本」，不等於以民為「主」。換句話說，民本不是把事情都讓百姓決定；事實上，假使真心要以民為本，許多事情就不可以由百姓決定，畢竟他們缺乏那樣的判斷力。比如在家裡，父母親為了孩子著想，所以才勉強孩子做些未必樂意的事。譬如孩子偏食，我們當然不能完全順著他。所謂「民主」，是他愛吃啥就吃啥，一切由他決定、由他做「主」。至於所謂「民本」，則是為了他的健康，咱們得規定他飲食有度、不可偏廢。

今天真給孩子民主，他能不完蛋嗎？真讓孩子自由選擇食物，有多少人會選擇吃炸雞、薯條、可樂這些垃圾食品呢？食物之事不能由他來「民主」，那麼，其他事，尤其是更重要的事呢？每天時間的安排，可以由他來「民主」嗎？他能不沉溺於虛擬遊戲與網路世界嗎？上回我跟大家說過：「民可使由之，不可使知之」是句實話，是句讓人聽了不舒服的大實話。我們恰恰是為了孩子的長遠打算，所以有些事才不能由他決定。某些事或許他能力所及，也或許無關緊要，這當然可以聽他的；可除此之外，大事還是得由父母代為決定，畢竟孩子還小。

一般的百姓，也是如此。我們必須承認：多數人都是「可使由之，不可使知之」，很難把事情看得真正清楚，也很難把事情看得足夠長遠。尤其選舉時，要不就是人云亦云，要不就是被煽動、被操弄，要不就憑著政客的表演、媒體的炮製產生一些片面印象，老實說，我們哪裡能真正了解這些候選人的真實樣貌呢？老是強調「選民的眼睛是雪亮的」，若非政客的迎合之語，就是學者的愚騃之言。就如同上回我們談管仲，即使孔門高弟如子路、子貢，看管仲都還是看得不著邊際，還挨孔子一頓罵；孔門高弟都已如此，等而下之的普通人，到底又誰能搞清楚誰呢？

對於民主這事，我想，大陸還是處於較多想像的狀態，至於台灣，則是實際操作了二十幾年，箇中的真實狀況，很可以作為大陸的某些借鑒。

台灣當然有非常多的知識分子（譬如龍應台）不斷為台灣的民主進行辯護，但我總覺得牽強。這些年來，台灣每回進行民意調查，無一例外，大家都認為台灣最好的領導人是蔣經國。不管是民進黨，或者是兩岸的公共知識分子，都會解讀成是因為蔣經國在臨死之前開放了黨禁、報禁，所以，他最了不起。可是，一般百姓又哪裡在意這個？一般百姓最在意的，無非是蔣經國時代台灣社會相對安定、欣欣向榮且又充滿了希望。蔣經國時代最大的特色，是即使出身背景再差，都有翻身的可能。蔣經國很關心貧富差距，一直對資本家相當程度地壓制。當時台灣有某位巨富，買了一輛極高檔的勞斯萊斯，蔣經國聞知後，交代手下打個電話給他，言道，車子可以開，但就在廠區內開開即可，別開出去。為什麼？一開出去，就是炫富，是會敗壞社會風氣的。

蔣經國又規定公務員吃梅花餐，五道菜，中間一個湯。他不說一套、做一套，自己平時就是這麼吃飯。死後多年，他有個故事才傳了出來：每天中、晚餐，蔣經國都回官邸吃飯；一回晚飯，他看了一看餐桌，臉色沉了下來，問一旁侍從：「中午有道菜沒吃完，那菜呢？」底下人臉全綠了，愣了許久，才吞吞吐吐答道：「已經倒掉了。」結果，蔣經國為此發了一頓脾氣。

因為這樣的個性，所以蔣經國很不喜歡跟大企業家往來，完全不像後來的李登輝。李登輝最愛跟大老闆打高爾夫球，蔣經國則壓根反感那玩意兒。蔣經國關心台灣的社會流動，照顧中下層百姓；任何人只要努力，通過公平的考試，都有可能出頭。政府因此很重視教育，學費壓得非常低。我讀台大歷史系時，在外面兼職做家教，一個月收入是八千塊台幣；而台大一個學期的學費，也不過六千八百塊。

問題的關鍵是，憑什麼他可以這麼做？說白了，就是憑著他可以不受財團直接左右，也不被與利益團體必然糾葛不清的所謂民意代表「牽制」（公共知識分子稱此牽制為「制衡」）的政治力（公共知識分子稱此政治力為「威權」）。他不跟富豪往來，所以沒有來自富豪的壓力；而他不需要跟富豪往來，則是因為他不必總統直選，因此沒有籌措選舉經費的壓力。可是，自從台灣民主化之後，任何選舉都需要龐大的經費；選舉層級越高，選舉經費也越驚人；籌措這筆可觀的選舉經費，必然要與財團發生千絲萬縷、或顯或隱（當然，通常都是隱，而且是極隱）的關聯。這時，擬定政策的領導人或立法機關想要擺脫財團的影響（或操控），就完全不可能了。

至於公共知識分子所稱道的蔣經國民主化「貢獻」，背後還是有些較複雜的原因。首先，是美國的壓力；大家知道，美國想控制一個國家，最好也最簡單的方法，就是讓該國民主化。就像韓國，每逢總統選舉，常常會有候選人一個親美、一個反美，可是只要選上，早先反美的，也必然會變成親美，畢竟形勢比人強。透過民主化，美國透過選舉的操弄，更容易掌控整個形勢。所以，在台灣的政黨，國民黨親美，民進黨更親美。影響台灣選舉的一個重要關鍵，就是美國人屬意誰。近些年來，每個總統候選人在總統選舉前，都一定得千里迢迢遠赴美國「口試」，以取得美國人的認可；這麼一來，美國人當然可以掌控得更為牢實。

自一九五〇年韓戰爆發以來，美國長期控制台灣。可儘管如此，老蔣（蔣介石）與美國卻不時有些緊張與矛盾；畢竟，以老蔣的個性，再加上他的實力（公共知識分子還因這實力稱老蔣為「強人」），有時還是可以不完全買美國的帳。但是，到了小蔣（蔣經國），論實力，顯然就不及老蔣了，尤其到他晚年，美國恰恰又最有實力強迫外銷所謂的「民主化」，漸漸地，蔣經國就扛不住美國的壓力了。

蔣經國慢慢扛不住的，還有另外兩股壓力，一是伴隨經濟成長而興起的資產階級，二是更不好處理的本土勢力。大家知道，歷史上所有偏安政權只要時間一久，必然會牽扯到「本土化」的問題。畢竟強龍難壓地頭蛇，地方勢力只要找到機會，一定會要求執政者釋放權力。釋放權力最好的方法，就是民主化——透過選舉，一人一票，本土勢力當然占著優勢，最終就會取而代之。

> 美國的壓力結合島內的資產階級與本土勢力，三合一，所以蔣經國晚年解除了黨禁與報禁；等蔣經國一死，李登輝即位，台灣「本土化」、「國際化」的口號，響徹雲霄，從此急轉直下；台灣最好的時代，就這麼過去了。

剛開始民主化時，多數人容易有種興奮感，畢竟一人一票選出領導人，怎麼想都會有種強烈的參與感。可是，絕大部分的人卻無法意識到：我們手中的那一票，其實多半是由各式各樣、看得到或摸不著的種種力量給操縱的；所謂「自由意志」，更多的成分，可能不過是政客的迎合之語與學者的愚騃之言罷了！

總之，「民可使由之，不可使知之」，當年陳水扁在中央研究院院長李遠哲（也是諾貝爾獎得主）登高一呼之下，風光選上了總統，那時有多少人興奮地覺得台灣將從此一片光明呢？可沒多久，那些滿懷憧憬的人一下子就從雲端跌到谷底，覺得被騙了。可是，到底是誰騙了誰呢？更根本的問題是：是不是整個民主的機制本來就有種欺瞞的本質呢？

大家知道，美國的民主黨與共和黨輪來換去，後頭操縱的，永遠就是華爾街的金融勢力與幾個軍工集團，對不對？美國總統動輒被暗殺，那麼頻密地「非正常死亡」，難道跟這無關嗎？這些超大財團根本不需要押寶於某個黨，全部都撒錢，也就行了。選舉最重要的，就是錢；只有撒得了錢，才有辦法進行鋪天蓋地的文宣；只有文宣做得到位，才有辦法贏得了選戰。選舉時，除了少數極親近之人外，有誰能知道候選人到底是何等人？選民無非是透過層層的包裝與宣傳來產生印象，再進而決定投票行為。正因如此，選舉為了層層疊疊的包裝與宣傳，必然要花費巨額的金錢。這時，當然只有財團才提供得起支援。既然選前收了錢，選上之後，又怎麼能不連本帶利「報答」呢？

當初的金融風暴，明明是華爾街把美國搞垮了，可後來聯邦政府還是必須將納稅人辛苦繳納的錢砸給華爾街。華爾街那些銀行「闖下大禍」之後，反而活得更好。政府的理由是，這些銀行已經大到不能倒；可實際上，無非是他們老早已經把政府緊緊掐住了。透過這麼一倒一扶，又變成銀行一筆巨大的收入。

這樣的問題，自美國外銷民主之後，一併也銷到了台灣。二〇一四年基隆市長選舉，國民黨打算提名一個現任立委參選，這立委年輕，「口不擇言」，就說了一個大實話。他說，自己毫無參選意願，因為選市長沒什麼好處；當初他之所以參選立委，就因為家裡有一間信用合作社，只要選上立委，就可以把這間信用合作社照顧好，可當市長卻未必能辦成這件事。他講得很露骨，可立法委員差不多就是在幹類似之事。

台灣的立法院宣稱「反映民意」，他們的「民」，更多就是這些財團。選舉時，當然會講些老百姓愛聽的話，可一選完，跟他們更息息相關的，就是這些財團了。畢竟，老百姓只會給他選票；可只有財團，才會給他資金。民主政治的運作，就這麼一回事。

這樣運轉久了，整個國家慢慢被財團綁架，社會流動就開始遲緩，社會也越來越不公平。面對這樣的不公平，幾乎任何人都無能為力。即使你是馬英九，真想動，也很難動得了。為什麼？很簡單，因為馬英九也得參加選舉。假設馬英九說，好，我已當選連任，將來不再選了；為了追求歷史地位，可以放手一搏；我為了社會，一定要扭轉這些不公不義。可他真能做到嗎？做不到！為什麼？老馬不選，但其他國民黨縣市長、立委選不選？當然得選。老馬不要「未來」，可他們要啊！

所以，老馬想大刀闊斧做的事，總是才跨了那麼一小步，就被踩到痛腳，馬上又縮了回來。這是老馬從連任之後很少成事的根本原因。對照之下，大家再回頭看看「君君臣臣、父父子子」這句話，我們才會看出不太一樣的內容來。

> 子路問政。子曰：「先之，勞之。」請益。曰：「無倦。」
>
> ——《論語．子路十三》第一章

從字面上來看，這章很簡單。子路問為政之道，孔子說：「先之，勞之」，帶頭做，認真做。子路「請益」，再來呢？孔子說：「無倦」；好好做，開開心心做，別緊繃，別把自己搞疲累了。

孔子這麼說，當然沒問題；可今天如果實際操作，卻會遇到一個很大的困難：一個領導者「先之，勞之」，帶頭做、認真做，當真就會有成效嗎？

同樣地，我們看下面兩章：

子曰：「其身正，不令而行；其身不正，雖令不從。」

——《論語．子路十三》第六章

季康子問政於孔子。孔子對曰：「政者，正也。子帥以正，孰敢不正！」

——《論語．顏淵十二》第十七章

這兩章很類似，都和前一章同樣的思考：領導者只要行得正、做得正，即使不下命令，沒做指示，依然可以上行下效，下屬還是會有樣學樣，做該做的事。孔子挑明了說：「政者，正也」，只要你帶頭做好，「子帥以正，孰敢不正？」

正人君子馬英九

我想，老馬如果讀了這幾章，肯定會感慨萬千的。因為，他的確就是「帥之以正」，什麼東西都「先之，勞之」，可問題是：做了之後，並不管用；大家不僅不太理會他，甚至還不少人很不爽他。這就麻煩了。

馬英九當然有缺點，可基本上仍算是個表裡如一、不太能挑剔私德的人；如果用儒家的標準要求他，他沒太大的缺點，是個正人君子。可是，這麼一個正人君子，努力地「帥之以正」，底下卻沒幾個人願意跟著「正」。孔子講這些話並沒有錯，但我們實際去做時，卻會到處碰壁；這裡頭，到底是哪個環節出了問題？

事實上，孔子這話若要成立，得要有個前提，就是君君臣臣、父父子子的「位」必須要清晰而明確。如果不清晰明確，大家名不正、言不順，「君」沒有君該有的威嚴，老爸不像個老爸，這時，再怎麼「先之，勞之」，底下依然會沒人理你。

馬英九其實非常簡樸，是個「盒飯控」，每天吃盒飯都甘之如飴，可是，他的儉樸沒啥示範的能量，台灣那些富豪也壓根沒人理會他，原本奢侈浪費的，一點都沒因此收斂。這時，如果再一臉嚴肅地講「子帥以正，孰敢不正」，好像就會變成一種嘲諷。

只有「君君臣臣、父父子子」的「位」清清楚楚，孔子講這些話才能成立，不然，都是白說。馬英九的困境，就在於目前台灣民主的體制下，君已不成個君，臣自然就不成其為臣。這問題沒解決，再怎麼「先之，勞之」，再怎麼「帥之以正」，都是無關宏旨。

位階建立好了，這時「子帥以正」，才會「孰敢不正」。今天許多企業這麼做，都還行得通，孔子這話也派得上用場，原因就在於：企業裡的君臣關係相對是清晰的。畢竟，沒有企業會犯傻到實施「民主」，會用民意來取決領導者，票選來產生總經理。換言之，企業裡的「位」，問題不大。

台灣民主體制的錯「位」，才是馬英九的核心問題。有一次，馬提起這幾年當總統，孜孜矻矻，做了那麼多事，卻沒獲得應有的評價；講著講著，不禁眼眶紅了起來。當下，我只能搖頭。馬英九當了那麼久的總統，似乎沒弄清楚最核心的問題。他每天只是努力、認真地上班十六到十八個小時，全年無休，如此勵精圖治，政務的推展卻完全不是那回事。

關鍵沒抓到，其餘都是白搭。一個為政者如果是個正人君子，當然很好；可更要緊的，則是要有格局與高度。孔子為什麼要稱讚管仲呢？不正因為管仲的格局大、高度足嗎？

與管仲相對比，作為領導人，馬英九這麼一個模範生與正人君子實在是擺錯了位置。馬英九其實更適合去當個老師，當個形象代言人，告訴大家要每天運動，也要像他這麼知書達禮。

由之？知之？

任何時代，人們多是不自覺的。講「喚醒所有人的自覺」這種話，要不是個騙子，要不就是書呆子。書呆子就是那種最自以為有想法、可實際常常被蒙騙最徹底的那種人。天底下沒那麼多人能啥事都明白、都自覺，所以孔子才會說：「民可使由之，不可使知之。」

我們必須承認，多數人真能徹底搞明白的事情，都是太有限了。只有清楚自己的有限，才不會盲動，才不會胡搞瞎搞。很多人的悲劇，就是努力了一輩子，等回頭一看，卻是一場空。世界上最麻煩的一種人，是很聰明同時又自以為很聰明的人。這種人比明明不聰明還以為自己很聰明的人更麻煩。因為後者的弊病很容易看得到，壞影響相對不大；可前者所造成的禍害，可就大了。

比較好的人有兩種，一：就像我這樣，雖然不聰明，可願意承認自己不聰明；二：明明很聰明，還自認為不聰明。後者是高手，但這種高手極少。至少，大家可以跟我一樣，不聰明就承認自己不聰明嘛！我們先意識自己的有限性，承認有許多事還看不透，得先照著做。我們先好好「由之」，至於「知之」，那得看機緣、看天分。

對於這點，孔子深有感慨。孔子越年長，越意識到有個人太厲害了，那人是誰？周公。周公制禮作樂，上自朝廷，下至萬民，從出生到死亡，都給出一整套的「禮」；這「禮」只要照著做，多數人就可以活出個不錯的生命狀態，甚至，還能越活越有滋味。

問題是：周公到底憑啥制禮作樂？背後的原理何在？作為禮樂的集大成

者，周公必然是繼承於前人，而最早的建立者，到底又怎麼精準地感知這些東西呢？倘使追究下去，會發現這是何其的困難；越是細想，我們就越不禁佩服，才更意識到自己的有限。

認真說來，我們哪能真正看清楚多少東西？就中醫而言，經絡到底是怎麼發現的？到底怎麼感覺到的？今天用最先進的儀器設備一個個去試，也無法搞明白經絡的奧祕，更別說古人壓根就沒有那些儀器與設備。當時不用儀器設備，卻比現代能用的一切方法更為精確，這又到底怎麼辦到的呢？

老實說，這真是不可思議。今天我們有沒有這能力？大概沒有吧！因為沒這樣的能力，所以我們從《黃帝內經》得知經絡的情況，就只能先照著做；至於背後的原理，我們又哪能知道子午流注是怎麼發現的？為什麼人體中十二條經脈會對應著每日的十二個時辰？為什麼這時辰是肺經、那時辰是腎經？背後那個宏大的原理，我們只能保持謙卑，承認所知極其有限，確實無法了解。不是嗎？

整個文明的過程，其實都是如此。只有極少數或被稱為「聖人」、或被稱為「先知」的人能夠真得「知之」，絕大部分人，照著做就好了。孟子把人分成三種，一是「先知先覺」，二是「後知後覺」，絕大多數的人，就只能是「不知不覺」。所有的政治，都應該是由先知先覺的人來領頭。如果跟孔子相比，子路、子貢應該算是後知後覺，所以他們才會搞不清楚管仲到底有什麼了不起？孔門除了顏回之外，恐怕都很難稱得上是先知先覺。在這種情況下，如果真要投票表決，孔子、顏回這兩票，是不是應該抵得過其餘三千票呢？

風乎舞雩

子路、曾皙、冉有、公西華侍坐。子曰：「以吾一日長乎爾，毋吾以也。居則曰：『不吾知也！』如或知爾，則何以哉？」子路率爾而對曰：「千乘之國，攝乎大國之間，加之以師旅，因之以饑饉，由也為之，比及三年，可使有勇，且知方也。」夫子哂之。「求，爾何如？」對曰：「方六、七十，如五、六十，求也為之，比及三年，可使足民。如其禮樂，以俟君子。」「赤，爾何如？」對曰：「非曰能之，願學焉。宗廟之事，如會同，端章甫，願為小相焉。」「點，爾何如？」鼓瑟希，鏗爾，舍瑟而作，對曰：「異乎三子者之撰。」子曰：「何傷乎？亦各言其志也。」曰：「莫春者，春服既成，冠者五、六人，童子六、七人，浴乎沂，風乎舞雩，詠而歸。」夫子喟然歎曰：

「吾與點也！」

——《論語．先進第十一》第二十五章節選

這是我最喜歡的一章。

畫面跟上次「盍各言爾志」很接近，只是身邊的弟子不太一樣。上次是子路跟顏回，這次侍坐的，除子路之外，還有曾晳、冉有、公西華。孔子說「以吾一日長乎爾，毋吾以也」，我比你們就大那麼幾天，大家別在意呀！平時閒著沒事，你們總發牢騷，說別人不了解自己的抱負；好吧，倘使今天有人了解你了、有人用你了，那麼，你到底想幹麼？

孔子話才講完，「子路率爾而對曰」，一樣的畫面又出現了：子路毫不猶疑、第一個站起來就講，後來的結果，當然也變成了第一個「中槍」。只見子路爽快地答說，一個千乘小國，被兩個大國包夾，外頭有戰爭，內部有饑饉，內憂外患；可這樣的國家讓我來治理，只消三年，不僅「可使有勇」，百姓還人人知曉事理，「且知方也」。結果，信心滿滿的子路話一講完，孔子啥都沒說，只微微笑了一下，「夫子哂之」。

孔子這麼一「哂」，動作不大，殺傷力卻不小。大家看「大師兄」子路回答之後如此「下場」，誰敢再說話呢？於是，沒人接話，這下子冷場了；沒辦法，孔子只好點名弟子回答了。孔子接著就點，「求！爾何如？」冉求這個人，思慮多，心機深，但有政治能力，是個幹才。孔子首先就點了他。冉求被點後，回答道：一個小國家讓我治理，只要三年，基本可以豐衣足食；至於禮樂這種根本大事，則非我能力所及，恐怕，還得另請高明（譬如，老師您？）。

冉求說完，依然沒人接話，於是，孔子再一次點名，「赤，爾何如？」赤就是公西華。公西華對曰：「非曰能之，願學焉」，我不敢說能做到，但確實想學一學。學什麼呢？「宗廟之事，如會同，端章甫，願為小相焉。」在宗廟社稷的祭祀，或者國際間的會同往來，我在旁邊擔任一個司儀、禮賓官之類的，看一看、學一學，開開眼界，知道怎麼應對進退。

大家看，這口氣可是越來越小呢！

最後，重點來了——「點！爾何如？」點，就是曾晳。曾晳幾乎就因此章而成名，不只成名，甚且還永垂青史。他還有另一個重要的身分，就是曾子（曾參）之父。父子兩人性格天差地別、完全不同；在他們父子身上，最可以看到遺傳的有限性。

話說回來，剛剛大家講話時，曾晳一邊聽著，一邊鼓瑟，等老師點了他，他也沒有馬上停下來，而是漸漸放慢速度，「鼓瑟希，鏗爾」，最後，才「舍瑟而作」，把瑟放一邊，站了起來。大概估摸著自己的想法可能太過「出格」，所以曾皙開口之前，先打了個預防針，說道：「異乎三子者之撰」，我的想法跟他們三個都不一樣（潛台詞是：「您當真要我說嗎？」），孔子一聽，「何傷乎？亦各言其志也」，跟他們三個不同有啥要緊？沒關係吧?!反正又沒有標準答案，是不？不過就是說說各人的志向罷了！

老師這麼說，意思是：曾點同學，你就儘管說吧、甭顧慮了！好，於是曾皙就說了：「莫春者，春服既成，冠者五、六人，童子六、七人，浴乎沂，風乎舞雩，詠而歸。」在暮春時節，春服已經做好了，五、六個成年人，六、七個童子，「浴乎沂」，去沂水那邊洗個澡，「風乎舞雩」，到祭祀的舞雩高台上吹吹風，最後，一群人邊走邊唱，「詠而歸」。

結果，夫子喟然歎曰：「吾與點也！」咱們孔子老師深深歎了一口氣，哎呀，我贊成曾點的志向啊！

這一章之所以重要，純粹就是「氣象」二字。

讀到這裡，我想起昨天下午，薛朴和大家一群人在外邊踢毽子。我在房裡，一邊工作，一邊聽到外面的笑聲、踢毽子的聲音，還有遠處鵪鴣鳥「咕咕咕咕」的聲音。聽了一聽，我忍不住抬頭看了一眼，但見窗外一片綠意，有獼猴桃，還有葡萄的藤蔓垂下來。說真的，那時的畫面，其實跟《論語》這一章所談的是同一回事，我們不必去模擬孔子的生活，我們的生活裡面本來就有；講白了，也沒什麼，但是你就覺得很好，覺得有一種安穩、自在。

孔子言志，說「老者安之，朋友信之，少者懷之」，講到最後，都不是一樁樁遙不可及的理想，而是就在我們身邊的世界應該時時刻刻真實存在的人世風景。如今，世界戰爭沒停，諸方角力不斷，美國想方設法要圍堵中國，中國則得費神怎麼跟美、日周旋，至於民進黨主導下的台灣，則是焦慮徬徨、日甚一日……外面世界的紛擾，從來就沒有停止過，也不可能有一天會完全停止，可是，現在外頭大家在嘻笑，薛朴在踢毽子，鷓鴣在叫，這是我們身旁隨時隨地出現的情景，而且跟外面世界的紛擾並不衝突。這個很重要。儒者後來的問題是，他們總覺得外頭充滿危機的世界才是真實的世界，也才是唯一應該關心的世界，至於眼前的笑聲、小兒踢毽子、鷓鴣在叫著的這個世界，對他們而言，完全是無關緊要，完全可以視而不見、聽而不聞的。

孔子所言「吾與點也」，是提醒我們，像子路這樣偉大的理想當然了不起（只不過是太了不起），冉求也不錯，公西華其實也滿好，但是，曾點所說的，可能更真實、更平常，更時時刻刻就能出現在我們身旁。讀聖賢書，所學何事？就是這個事！就是讓周遭的世界越來越能變成更真實、更平常也更動人的樣子。

什麼叫作天下太平，世界大同？這就是天下太平，世界大同。

其中關鍵在於：當我們處在這樣的情境時，有沒有能力去領略？是否能夠當下安然？如果不能領略，可能只是忙著看手機、忙著回郵件、忙著許許多多我們認為很重要的事；如果不能領略，說不定還會很煩：薛朴怎麼這麼吵？

莫春三月，「風乎舞雩，詠而歸」這樣的畫面，孔子欣欣然嚮往之，提醒了我們後世學子莫忘當下領略的重要性。類似的畫面，在四書五經之中，哪兒會出現更多呢？答案是：《詩經》。《詩經》沒有那麼多微言大義，不講什麼高深道理；《詩經》簡單、尋常，充滿了情感，充滿了生活細節，也因此，最可養人。

中國人說「詩書畫印」，目前，畫的價錢火熱，書法不錯，印也還行，獨獨只有詩，似乎總賣不了啥錢。可是，如果把詩給抽掉，中國文明就塌一半了。大家看看，在中國戲曲中，但凡人物出場，總會先來個定場詩；而章回小說開篇，就是一首卷頭詩；整本一百二十回的《三國演義》，一開始，不就是從「滾滾長江東逝水，浪花淘盡英雄」那一首楊慎的〈臨江仙〉起頭的嗎？甚至，中國人家家戶戶的門口，迎面而來的，也依然是首詩——對聯。孔子說：「興於詩」，中國就是這麼一個詩的民族，中國人的生命不能沒有詩；恰恰因為不能沒有詩，所以詩變得最稀鬆平常，甚至不讓人覺得有太多價值。因此，物質的觀念不太能與詩相連，所以全中國沒有哪個詩人可以純粹靠寫詩過活，就連北島也做不到。

詩，一直就是這樣：家常，卻最有分量；最根本也最能夠養人。搞懂了這一點，就不難理解五經的排序：詩、書、易、禮、春秋，為什麼《詩經》會排第一位？

許多談傳統學問的人會誇大《易經》的分量，因為《易經》高深，可以講得玄乎乎，可以講得讓人目瞪口呆、肅然起敬。至於《詩經》，似乎就太平常了，平常到怎麼講也不容易讓人特別佩服你，不會被你震懾住。但是，大家前後翻翻《論語》，裡面有多少次提到詩或是引用了《詩經》？而《易經》除了「加我數年，五十以學易，可以無大過矣」那麼一句之外，孔子又到底提了幾回？兩相比較，孔子是更在意《詩經》呢？還是《易經》呢？

我對偉大的東西有種本能的戒懼，總會稍稍打個問號——「真的嗎？」偉大的東西都容易有假像，沒有人會拿《詩經》來招搖撞騙，可是拿《易經》來招搖撞騙的神棍可多著呢！

後來的學者喜歡老講些深奧而繁複的偉大東西，可講多了，反而忘了到底什麼才是最重要的根本。真要說最能守住這根本的，孔子之後，其實是禪宗。禪宗和尚特別敏銳，只要你偏離主題，譬如問：「如何是達摩西來意？」、「什麼是佛法大意？」和尚要嘛一棒打來，要嘛大聲一喝，為什麼？很簡單——這關你什麼事？再不然，和尚就給你一句不淡不鹹的「庭前柏樹子」，讓你到院子裡去看看柏樹子，聞聞味道；因為，那才是真實的、活生生的。眼前的柏樹子長得如此之好，你不聞不問，反而去關心那麼遙遠的東西幹麼？

許多知識分子都有這種毛病，常常家裡的事情不關心，老婆也不正眼看幾眼，小孩也沒太多理會，回到家，就一逕地坐在客廳憂國憂民。這種性格的人若在禪門，早就該挨上幾棒了。

恕道

子貢問曰：「有一言而可以終身行之者乎？」子曰：「其恕乎！己所不欲，勿施於人。」

——《論語．衛靈公第十五》第二十四章

子貢問孔子，有沒有一句話可以讓我奉行一輩子的？孔子想了想說，那就一個字吧！——「恕」。

事實上，「恕」的含義不只是「己所不欲，勿施於人」，只不過，當下孔子針對子貢的情況，強調了這一點。在我們生命裡，「恕」這個字能派上用場的地方太多太多了。記得有位大陸朋友跟我提起，二十幾年前，他在深圳所接觸的台灣人，印象都很糟；可到現在，反差卻很大。他很困惑，問為什麼會有這個反差？

這是個好問題。

同樣是他面對的這一群台商，在不同時空之下，二十幾年前在深圳看，面目醜陋；可現在在深圳看，覺得好多了；尤其現在到台灣看，更覺得溫厚爽朗，充滿了人情味。為什麼？就是因為在不同的時空。人的生命狀態，本來就有很多種可能；在不同的時空下，常常會出現不同的面相；而同樣一個人跟不同的人交往，也會出現不同的樣子。

從這裡追究，會發現一個「殘酷」的事實——當你覺得旁邊到處都是壞人時，通常只是映現出：可能你這個人挺有問題，甚至是挺壞的。第一，因為你壞，所以很自然用壞人的角度把別人想得很壞；第二，因為你有問題，所以身旁的人「只好」用「壞」的狀態來應對你，為什麼？這樣子才剛剛好呀！所以，有時兩個人去了同一個地方，最後對這地方的人評價完全不同，說白了，就因為這兩個人完全不同。

正因如此，吉人常會有天相，好人也總會遇到好人；同樣地，壞人也會老遇壞人。林谷芳老師在台灣說過，台灣人到大陸，假使第一次遇到壞人，算你倒楣；假使第二次又遇到壞人，還是倒楣；可第三次依然遇到壞人，那麼就請你回家照照鏡子吧！

如果能夠體會到這點，大概就是「恕」道了吧！有此「恕」道，我們會開始了解每個人生命裡都有動人之處，也多少都有些難堪之處。問題是，到底你要把他哪一塊給開發出來？當你看到他生命裡的某些難堪，心中能清楚許多人都有此難堪、自己甚至也無法全免時，你就會不忍心過度苛責。罵人時，就會比較有保留，有點罵不下去。

二十幾年前我剛到學校教書，以「認真負責」聞名，有非常強烈的責任感、道德感，又自以為學問淵博、口才辨給，每回在恨鐵不成鋼之餘，罵起學生，總引經據典、旁徵博引，隨隨便便就慷慨激昂地罵上半個小時，罵到後來，連自己都被自己感動了。現在回頭想想，簡直要命。當自己都被自己感動、實則被自己催眠之時，發現下面許多學生依舊呆若木雞，自然會覺得很憤怒：我一片真心，都已經被自己感動了，你們竟然毫無感覺！這算啥？於是，越想越氣，就繼續再罵半小時！

後來我常講，這就叫「造孽」。誤人子弟，莫過於此。天底下壞掉的孩子，到底有多少是類似我這種的「好老師」所造的孽呢？以前我還遇過另外一種「好老師」：學生犯了錯，叫來辦公室，開始批評；一開始，學生還低著頭受教，可老師越講越嚴厲，越講越尖刻，也越來越毫無餘地；而後，學生越聽越不爽，就抬起頭來瞪著老師。結果，老師當然更加生氣：你這是什麼態度?!到最後，學生翻臉，兩敗俱傷。

基本上，這就是官逼民反，把學生逼上了梁山。

後來如果我有一點兒進步，可能就在於罵人的能力變「差」了、時間變短了；到教書的後幾年，基本罵人三分鐘就罵不下去了。這不見得是口才遲鈍、學問退化了，而是比較能體會一點恕道了。自己知道，再多罵幾句，就過火了。後來慢慢清楚自己的有限性，從而對別人的有限性也多了一些體會，自然就會給人留一點餘地；該批評的，當然還是要批評，但是會知道要踩剎車，也踩得住剎車了。

孔子說：「君子其言也訒」，「訒」就是踩剎車。有些自己都未必做得到、改得了的事兒，開始會不好意思講，更不好意思講得理直氣壯、冠冕堂皇，漸漸地，會明白很多事情我們都不容易清楚內在之隱微，局外人很難看得到箇中的是非曲折，就不會過度輕易開口。「君子其言也訒」，這就是「恕」道。

如得其情

孟氏使陽膚為士師，問于曾子。曾子曰：「上失其道，民散久矣！如得其情，則哀矜而勿喜。」

——《論語．子張十九》第十九章

《論語》裡面恕道的精神發揮得極好、極動人的，還有一位曾子。

孟氏派遣陽膚擔任士師（就是法官），陽膚上任前，先去請教曾子：接任士師這職位之後，得要注意哪些事情？曾子的回答是：「上失其道，民散久矣」，這些年來，因為在上位的人失其道，「君君臣臣、父父子子」的位分以及禮樂的秩序都已然瓦解潰散，百姓沒有受到應有的教化，變得容易逾越本分，容易做錯事。所以，「如得其情，則哀矜而勿喜」，作為一個法官，審理犯人，把緣由始末查清楚後判罪，這當然是應該的，但千萬別因順利破了案，於是就高興歡喜，甚至心想慶祝一番。這時，你可能更應該持有一份哀矜之情，「哀矜而勿喜」。要知道，就某種程度而言，這些犯罪的人也是被這時代給犧牲的呀！如果不是因為「上失其道，民散久矣」，他們會走上這條路嗎？

同樣是「如得其情」，老子也講過：「夫佳兵者，不祥之器」，「不得已而用之，恬淡為上；勝而不美，而美之者是樂殺人」，接著又說：「戰勝，以喪禮處之」，打了勝仗之後，是以辦喪事的心情來面對的。戰爭是某種程度的不得已，殺了那麼多人，贏得了勝利，沒什麼好得意的。

每個人的處境，我們都應該盡可能地增加一點體會。事實上，也只能是一點。畢竟，我們很難完全、徹底、如實地體會。可是，當我們多體會那麼一點時，就會知道，很多時候的確要「哀矜而勿喜」的，很多事情的確是無法苛責的。包括在家庭，許多不愉快和衝突，倘使能「如得其情」，真能體會對方狀態，會突然覺得自己某些情緒的反彈、不滿，乃至於憤怒，往往都只是因為沒「得其情」，沒有真正搞清楚狀況。

如實地搞清楚對方的狀況，就是「恕」道。這樣的「恕」道，可以應用在大大小小、裡裡外外的所有事情。所以孔子才跟子貢講，「恕」這個字眼，可以讓你終身奉行、一輩子受用。

把「恕」這個字再延伸一下，借用《易經》的話，就是「感而遂通」，再繼續延伸，也就是《大學》裡面提到的「格物」。「格物」，說白了就是「感而遂通」。以感為主，以感為出發點，格得了物之後，才會有第二層「致知」的問題。

整個文明的開創，基本上是新石器時代女人憑直覺開創的，這是「格物」。以我們現在的角度來看，那種直覺簡直是不可思議。我們無法複製，甚至都不好想像當初她們到底是憑藉什麼，去感覺到、開創出那麼多東西來。某些程度上，只能夠說是天意；或者說，是上天給了這個機緣。女人憑著直覺開創文明之後，男人再將之理論化。因為理論化的需要，所以才發明了文字。換言之，早先文明的開創，都是在文字之前；因為在開創的時候，是憑直感。憑直覺，就不需要文字。

文字的好處，是可以理論化，可以做「致知」的工作。一旦能理論化，就可以把直覺的東西說出個所以然來；能說出所以然，人就不再只是「可使由之」，進而還可以「使知之」了。雖說如此，「致知」卻有個根本的缺點：一不小心，就會陷入理論之中而難以自拔，最後忘掉當初的根本是直覺、當初的原點是「感」。換句話說，「致知」久了，常會把「格物」給忘了。正因這個陷阱，喜歡講理論的人最常會異化；他們平日議論不休、滔滔不絕，可面對現實世界，卻往往最麻木無感。

正因如此，某些特別喜歡講學問、整天天下國家的人，對於「莫春三月，風乎舞雩」，常常是不在意的。「風乎舞雩」為什麼重要？因為那是「感」，那是文明的最根本。後來儒者花了太多心思於天下國家這些偉大的事兒，對於眼前的莫春三月種種風光多半是淡漠無感；他們又用了太多道德標準去評斷孰是孰非，對人卻也少了一種根柢的體諒。那種體諒，就是能覺察到對方狀態的「感」。當我們少了「感」而直接用抽象的理論、道德去評價人時，這些似乎都對也都好像講得通的種種說法，就會把我們搞得越來越沒人味。所謂沒人味，就是「感」被抽掉了。

「恕道」就是從恢復我們該有的「感」開始，進而「感而遂通」。所謂修行，無非就是要一步步修到「感而遂通」。倘使能比較準確、如實地去感覺到別人的好與壞、限制與不足，以及諸多的不得不然，這時，你的「恕道」就會自然而然地生起。

真正的「恕道」，還是要回到近前之事，回到生活周遭，回到身旁最親近的人。譬如，家裡的另一半，很可能就是我們修行的最重要對象；我們不少人都會在對方身上感受到很多的不適應與不舒服，對不對？這些不適應與不舒服，本質上，是源於彼此的感通出了問題；而更本質上，則是源於自己對對方的感通出了問題。只不過，我們通常會倒果為因，我們不願承認自己的感通有問題，只會自艾自憐，覺得「我們在一起這麼久了，你卻還是這麼不了解我?!」說得滿腔哀怨、一臉委屈。

可說到底，問題其實還是在自己。

正因如此，跟「恕道」相配套的，就必然是孔子不斷強調的「反求諸己」。「不患人之不己知，患不知人也」，只有反求諸己，才可能「恕」得起來。平日看別人不順眼時，還是不妨照照鏡子，回過頭，也看看自己。

修行是什麼？不過就是如實地看到自己！

我們之所以無法如實地看到自己，是因為會把自己美化、合理化，甚至是悲情化。修行的第一件事情，無非是先接受自己的種種限制與不足，有時還不妨涮涮自己、調侃一番。總之，重點是「不躲不閃」。只有我們「願意」看到自己，才「能」真正看到自己。這是起點，沒有這一點，入不了真正的修行之門。

整個中國的學問與修行，「反求諸己」都是基本功，也都是究竟法。只不過，真正的「反求諸己」必須是不落愛憎，別變成了過度責備自己；倘使過度自責，就好比當年蔣介石每天在日記裡痛批自己一樣，這當然是誤入歧途。事實上，偶爾有點責備，當然可以，但別太多；一旦責備太深之後，又會陷入另外一個魔道。這一陷，恐怕還更難以自拔。

「反求諸己」，是如實地「看到」自己的局限與不足；「看到」了，然後呢？就暫時「別管它」。所謂「別管它」，不是真的完全不管，而是不落於後悔、懊惱，也無須過多的自責。這樣如實「看到」，看似無用，可當你一次、兩次、三次、N次，都心平氣和地看到它時，慢慢地，它會被我們身上的某種能量轉化，甚至就不見了。事實上，當你看著毛病在那兒卻不帶情緒也沒啥自責時，如此清寧的狀態，就有一種中醫所說的扶正的能量。扶正，自然能祛邪。不必每天盯著那邪，盯多了、盯緊了，反而會產生很多副作用。

教育孩子也是一樣。孩子可以提醒一下、點一下，但別動不動就想改造他。不持改造之念，並不意味著姑息，也不意味著放縱，而是因為我們深知即使作為成人的我們想改變自己都是何等困難，於是心中才會生出最起碼的恕道，於是我們也才知道：不能急啊！一旦知道急不來，就不容易產生不必要的情緒，不會輕易去責備：「我已經講了那麼多次，為什麼你永遠都改不了?!」

事實上，恰恰是因為「講了那麼多次」，才會「永遠都改不了」；講越多次，只會越改不了。凡事適可而止。一件事講太多次，只會起反效果。中國人的「事不過三」，是有大智慧的。劉備去找孔明，就是三次。若過了三次，可能劉備就不去了。如果第四次還去，那除了劉備貌似很有「誠意」之外，也可能說明劉備其實就是個強迫症患者；面對這種強迫症者，估計諸葛亮也不會答應的。因為將來相處，肯定會很痛苦的。偶像劇裡，一個男生示愛，接連三次，女生都不理會；可這個男生仍然繼續第四次、第五次、第六次……「鍥而不舍」、「不折不撓」，非要感動她不可。結果女生覺得這人很有「誠意」，於是就接受了。看了這種「感人」的故事，我不禁會好奇：在真實世界中，像故事裡女主角這樣的人，最後會有幾個好結果？畢竟，這種男生太偏執，可能有某種強迫症。偏執的人很難搞，尤其是男人；偏執的男人通常是天下最大的亂源。

所以，咱們不妨恢復老祖宗的美德，凡事「事不過三」。

興於詩

子曰：「興於《詩》，立于禮，成于樂。」

——《論語．泰伯第八》第八章

這一章，我們專談「興於詩」這三個字。

首先，詩是讓人「興」的。那麼，什麼是「興」？

話說，中國人是個詩歌的民族，可西方人同樣也重視詩。但是，中、西方的詩卻有著根本的差異——西方的詩特色是：讀著讀著，會有很強烈的情感振動；不論是愛恨情仇，或者是大喜大悲，乃至於人生的困境與無奈，但凡情感越濃烈，通常就意味著詩歌越動人。換言之，西方的詩，情的成分很重。但中國的詩不一樣。中國檔次較高的詩，情感多不濃烈，甚至很淡，甚至還讀不出有啥情緒。李白的「床前明月光，疑是地上霜；舉頭望明月，低頭思故鄉」，當然有思鄉之情，可就是淡。至於王維的「人閒桂花落，夜靜春山空；月出驚山鳥，時鳴春澗中」則是一點兒情緒都沒有，但大家可知這首〈鳥鳴澗〉在中國詩歌史上的地位有多高?!

簡單地說，中國詩最好的狀態，是在情緒之前。不是沒有情緒，而是在情緒之前。

中國人常常講「感情」二字，「感情」、「感情」，其實，「感」和「情」不太一樣。「感」在先，「情」在後。面對所有的事物，人必然要有「感」，可一旦「感」落入了「情」，產生七情六欲，只要沒拿捏好、失了度，就會變成煩惱的根源。情若是失衡，或者過於濃烈，甚至會成為疾病的病灶。所以，「感」要豐富，但「情」得收斂。

可正常情況下，有「感」之後，通常都會落入「情」。這時還得靠些工夫來克制自己，盡可能別陷於情中而無以自拔。如果用傳統的詞兒，這種無以自拔就叫作「陷溺」。在中國人的世界裡，再好的東西，但凡陷溺，都不是好事。

上回我們比較過中國文明與日本文明。日本文明基本上是情的文明，偏女性特色。女性跟男性相比，有個很大的好處：女人善感，男人則容易處於無感的狀態。可任何事有利就有弊，女人的善感，也可能不小心就陷進情裡而難以自拔。所以，倘使男人有什麼值得佩服的地方，無非就是在某些關鍵時刻較諸女人更不容易在情裡面糾葛不清。日本文明容易陷在不必要的情緒中，包括美感。日本的東西很美、很細緻，有時會讓人覺得美得不得了，甚至是美得太過分了。正因會深陷於美而無以自拔，所以日本人為什麼會那麼崇尚櫻花美學？就是有著「要在最美的時候墜落」這樣的執念。

日本人這種對美的執念，中國人其實不太能夠理解。論美感，我們真沒辦法弄到日本人那麼細膩、那麼極致。可是，中國人有種美感卻是日本人達不到的——介於美與不美之間的那種美感。

介於美跟不美之間，其實，就是在美之前，也在美之上了。

中國的繪畫正是介於美跟不美之間，同樣地，中國的詩歌也介於情與不情之間。因為介於情與不情之間，所以中國的詩歌不容易有情緒的黏滯；因為介於情與不情之間，所以中國的詩歌講究氣象；詩歌只要大氣，就是一片清曠，沒啥情不情的。換句話說，中國詩的重點在「感」，而非「情」，更多側重於「情」之前。即使寫「情」，也要能出出入入，時時刻刻跳脫得出來。所以中國的詩但凡寫到纏綿悱惻，讓人覺得情緒極濃極烈的，通常都不是檔次最高的。

正因如此，李清照的詞很感人，李商隱的詩很纏綿，可歷來詩家都不以為最高；因為，情緒太濃烈了。在中國人看來，過於濃烈的情緒不是一樁太好的事兒，甚至在某種程度上，還隱隱然感覺到有種巫魘、有種不祥。只要是令人陷溺到難以自拔，中國人都覺得是不祥之物。大家看宋徽宗的畫，那可真是美得不得了；但在中國美術史上，大家卻從來不覺得宋徽宗的畫是檔次最高的。因為，他的美有一種陷溺。

什麼叫「興於詩」？就是讀了中國最典型、最好的詩歌之後，人不會陷溺，可以處在「興」的狀態。換句話說，讀詩之後心境可以在所有的情之前，也可以在所有的情之上。回想一下，我們每天有許許多多的喜怒哀樂，而在喜怒哀樂之前，又是什麼狀態？那是一種完全「心中無事」的狀態。「心中無事」，是中國詩最高的境界，也是中國人修行的最高境界。所以，中國的詩可以跟修行成為一體，修行人也可以寫出最好的詩。「始隨芳草去，又逐落花回」，這是禪宗和尚長沙景岑的詩句；「掬水月在手，落花香滿衣」，這也是《虛堂錄》裡禪宗和尚的詩句。這些禪宗和尚寫的詩，都好得不得了。

事實上，倘使昨天你才被某事搞得很煩，可今天無意間讀了「人閒桂花落，夜靜春山空」、「掬水月在手，落花香滿衣」這樣的詩句，忽地煩惱一消，頓覺清清爽爽、心曠神怡，這種狀態，就是「心中無事」。這樣的「心中無事」，恰恰就是接下來做事的最好狀態；心裡沒雜質，做啥都清爽、有勁頭、有意思，至於到底具體要做什麼，其實也未必清楚，可大方向有了，對於未來也隱隱然有種好感，感覺有一股氣，精神昂揚。這就是「興」。

「興」不太好講清楚，也不太能說明白。但是，只要人平和了、心情變好了，漸漸有種明亮感，看這世界也慢慢變得順眼了，大概，這就是「興」了！

世人皆言修行，可修了半天，到底在修什麼？我想，應該就是修這麼一個「興」字吧！

孔子之所以講「興於詩」，正因為中國的詩歌提供了「興」的可能。《中庸》有一段話說：「喜怒哀樂之未發，謂之中」，喜怒哀樂還沒有發的那個狀態，叫作「中」。這裡的「中」，就近於「興」。接下來，《中庸》又說，「發而皆中節，謂之和」，人不可能永遠在沒有情緒的狀態，還是得做事、得與人應對，因此，喜怒哀樂還必須得「發」；這時，所有的喜怒哀樂如何「發」得精準、「發」得到位呢？又如何「發」得乾淨俐落、毫不拖泥帶水呢？這就是大本事了。事實上，只有常常能居「中」，或者能時時回到「中」，這時才有辦法「和」得了。

所謂「居『中』」，是一開始就在「中」的狀態，心平氣和、氣定神閒，啥事都沒有。至於「時時回到『中』」，則是事情發生了，喜怒哀樂已經

「發」了，可這「發」卻未必能「皆中節」，如此一來，「和」不了，就只好回過頭來，調調息、定定神，或者看看山、望望海，又或者讀讀「人閒桂花落，夜靜春山空」、「掬水月在手，落花香滿衣」這樣的詩。總之，透過這種的工夫，我們可以又重新回到「中」。人為什麼要修養？就是修這個「中」，修這個「喜怒哀樂之未發」，修到心中無事。禪宗的詩句：「風定花猶落，鳥鳴山更幽」，在中國人的修行裡，花香鳥語、山河大地，都可以是修行的一部分。這是中國文化的特色。所謂「天人合一」，也可以從這個角度看。循著這個角度，假使有某段時間啥事都不幹，專心去閉關、去修煉，那當然好；可更多時候，修行其實跟生活可以是打成一片、融為一體的。

天地之始

「心中無事」的狀態，如果擴而充之，到了更高的火候，大概就是張良與劉邦的境界了！張良不論何時，都一派氣定神閒，那就是「心中無事」；而劉邦輸了就輸了，輸得再慘、再狼狽，都「不過一敗」，那也是「心中無事」。可換成是項羽輸了，就無顏見江東父老，就被重重籠罩的萬千情緒給徹底綁架了。所以，「心中無事」既是內聖的法門，也可以是外王的一大關鍵，這其實是中國最重要的「內聖外王」之道。劉邦、張良這種人能成大事，就是老子所說的「以無事取天下」。

換句話說，只有「心中無事」的人，才真正辦得了大事。所以，《詩經》

為什麼是五經之首呢？不正因為藉由詩歌能讓人有所感，又不落於情，能「興於詩」，於是培養了那種「無事」的狀態，於是讓人找回生命原初的元氣與新鮮；而這種元氣與新鮮，正是立身行事的根本呀！

大家慢慢抓到「興於詩」的感覺之後，不妨回頭說說我第一本書的書名——《天地之始》；天地之始，就是回到一開始、回到最源頭。中國歷朝歷代的興衰，之所以一治一亂、一亂又能一治，之所以合久必分、分久又能必合，正因為中國文明有一種周而復始、回到天地之始的自我清理能力。這樣的自我清理能力每每發生在朝代末期的天下大亂，一群英雄豪傑乘勢而起，集體無意識地把中國文明推回到天地之始的狀態。這樣推回到天地之始，有點像道家的辟穀；辟穀就是藉由自我清理，讓人回到更早也更該有的生命狀態。

天下大亂之際，這群乘勢而起的英雄豪傑，多半是一些無文甚至是魯莽的人，可是偏偏就因為他們的無文乃至於魯莽，才開啟得了一個新時代。這新開啟的時代，常常有種很特殊的朝氣。這朝氣，就是「興」。

人必定有生老病死，朝代也一定會由興而衰。事物一旦成熟，就意味著要出問題了；果子熟透了，也意味著即將腐爛了；中國歷史之所以由興而衰的過程中最後總是能振衰起敝、屢仆屢起，就是因為有一股「破」的力量。這股「破」的力量，一方面導致了由興而衰、由衰而亡，可另方面，在走向衰亡的過程，也產生了某種新生的可能。換言之，這股「破」的力量，最後把衰亡也給「破」了。後面的這個「破」，就通於「興」。

破的時候，通常是壞的東西破，好的東西也破。這無所謂。我們別覺得只能破掉壞的東西，而不能破好的東西。不論人們再怎麼不捨，某些好東西被破掉，說到底，就是天意，無法隨著人的意志而移轉。倘使真破了，那就算了；人不能太小氣、太黏滯。只要那個與「破」相通的「興」的力量在，自然又能生出好東西。即使是破，都可以是件好事。

這一點也是中國與日本的文化差異。中國文化中最能掌握由「破」至「興」的，其實還是黃老；而日本人與黃老有隔，因此始終掌握不了這由「破」至「興」。日本人的個性，是看到一個好的東西，就想盡辦法來保存它。所以，唐代的建築至今都還在那兒，都保存得好好的。至於咱們中國人，面對破壞，雖然多少會有點可惜，可真沒了，也就算了。中國人一向都有這樣的豁達。

日本人的好處，是能把事物保存得非常完好；但壞處，恰恰也是保存得太過完好。換句話說，日本人的保存之心太強。譬如，他們的禮。中國人頭一次去日本，尤其到京都、奈良，看了他們的應對進退，常常會覺得：咱們是不是變成了蠻夷之邦？跟日本人相比，我們簡直粗俗無禮得很。可是，如果再仔細觀察，會發現日本人的禮雖然好，但對禮確實有種過度的執念；單單就為了禮，常常會搞得非常糾結。譬如寫信該用什麼抬頭、該用什麼敬語，又譬如與不同等級的人見面該送啥樣的禮物……最後把自己弄得異常彆扭。有禮，當然好；可在意過度，搞到糾結彆扭，那就不是啥好事了。日本人的繁文縟節，中國人多少會覺得太過了。日本人對於美、對於禮，都有一種強大的執念。總之，日本人對於好的東西善於保存，卻缺乏一種「破」的氣魄。對中國人而言，破了就破了，關鍵只在於那個與「破」相通的「興」到底在或不在。

像劉邦那樣一個老粗，建了新朝，擔心繁文縟節種種的麻煩與折騰，於是把秦代的朝儀都給廢了。可後來在朝堂上，功臣喝了酒，胡鬧撒野，連個起碼的樣兒也沒有。這下子劉邦看了不對勁，叔孫通趁機就建立了一套朝儀。這套朝儀，肯定不會複製周代的繁文縟節，也不會等同於秦制；可叔孫通這麼一建立，立刻又讓大漢朝廷威儀齊整、莊嚴俱備。這說明了一件事，只要有那個「興」在，「破」與「立」，其實也就一線之間。

那回我參加了一個國際禮學會議，看到北京清華大學禮學研究中心動用了大量的人力物力把十三經裡的《儀禮》做了某種程度的復原，用動畫的方式讓我們看到周人所有往來應對的禮儀細節。這個工作當然有其價值，可假使太過當真，真要照著《儀禮》的細節亦步亦趨，恐怕，就是膠柱鼓瑟了。事實上，今天我們再看《儀禮》，取其精神即可。否則，就像我們現在看那些穿漢服的人，怎麼看、怎麼怪。所謂漢服，只要抓住精神，必然要配合著每個時代的變化而樣式有所更迭。談傳統文化，不要有那種呆氣。儒生很容易有呆氣。

為君難，為臣不易

定公問：「一言而可以興邦，有諸？」孔子對曰：「言不可以若是其幾也！人之言曰：『為君難，為臣不易。』如知為君之難也，不幾乎一言而興邦乎？」曰：「一言而喪邦，有諸？」孔子對曰：『言不可以若是其幾也！人之言曰：『予無樂乎為君，唯其言而莫予違也。』如其善而莫之違也，不亦善乎？如不善而莫之違也，不幾乎一言而喪邦乎？」

——《論語．子路第十三》第十五章

魯定公問孔子，有沒有哪一句話就足以興邦呢？

二千多年前的中國人也有「偷懶」的傾向，總希望有個明白人能給他一句話，武功祕笈似的，就搞定了一切。這是中國人的好處，也是中國人的缺點。中國文明不會把問題複雜化，一向崇尚簡易，所以，中國人說「大道至簡」。中國人吃飯為啥不像西方人動刀、動叉？因為，一雙筷子就搞定了，何必把事情弄得那麼複雜？也正因為深信「大道至簡」，所以常常有人會求顆萬靈丹，問道：「你能不能給我一句話……」事實上，有些話在特定時空下確實可能有這樣的能量。可是，這畢竟也只能在特定時空下才得以成立。更多的時候，這樣一概而論，當然會成為一種思維的慣性，最後可能就治絲益棼，甚至是誤入歧途。要知道，過度緊抓一個東西，就容易忽略生命狀態的豐富性和複雜性。所以，一開始孔子就得先打住，稍稍糾正了一下魯定公，「言不可以若是其幾也」，有那麼神的一句話嗎？不可能呀！

先打住，後鬆口，咱們孔老夫子該說的，最後還是會說；於是，雖然「言不可以若是其幾也」，但我聽人言道：「為君難，為臣不易」，這話倒是有些意思；倘使君臣上下都能夠知道為君有多麼難、為臣又有多麼不容易，相互體會、相互理解，「不幾乎一言而興邦乎？」憑這句話，不幾乎就可以一言興邦了嗎？

魯定公又繼續問道：「一言而喪邦，有諸？」孔子仍是同樣的回答：「言不可以若是其幾也」，哪有一句話能那麼神？不可能吧！孔子再推了魯定公一把，接著又拉了回來，「有人這麼說：當個君主，其實也沒啥快樂；真要說快樂，恐怕就是我說的話沒人敢違背吧！」孔子繼續引申，「一個君主講的話，如果全是對的、善的，那麼，沒有人違背你，當然是好。可萬一，你講的東西不全對、不全善，卻沒有任何人敢違背你，那麼，你不就完蛋了嗎?!」所以，「不幾乎一言而喪邦乎？」

這章的重點，就是「為君難，為臣不易」七個字。為君與為臣，必須同時並舉。不管是為君或為臣，都得學會如實地感受到對方的難處。作為一個君主，對於自己有多難，當然點滴在心頭；可如果能真切地體會到底下臣子的種種不容易，那幾乎就會是個明君了。反過來說，作為臣子，能夠知道君主在其位必然會有的諸多挑戰與艱辛，那麼，這個臣子離「公忠體國」四字，也就庶幾近矣。

順著孔子這七個字，我們不妨舉一反三，也可以對在座還在上班任職的諸位說：「為領導難，為部屬不易」；當領導的，多去體會下屬的難處；而當部屬的，也多去揣摩領導的諸多不易吧！如此跳出一己的自我中心，才會有真正的修行可言。同樣地，我們是不是也可以對著已經結婚的諸位說：「為夫難，為妻不易」呢？

於是乎，我們又想起了那一段熟悉的對話，「子貢問曰：『有一言而可以終身行之者乎？』子曰：『其恕乎！』」

是的，萬變不離其宗，我們又回到前面反覆強調的「恕道」，又回到「感而遂通」。孔子說「為君難，為臣不易」七字，就是境界很高的「恕道」，也是級別極高的「感而遂通」。劉邦憑什麼能打天下呢？就憑著「感而遂通」。他能夠感通別人的狀態，所以身邊的人就服他。讓別人服，有兩種方式：一是以力服人，譬如項羽，誰敢跟項羽單挑，就等於是找死；項羽之力，「力拔山兮氣蓋世」，有誰敢不服？另外一種，則是以德服人，劉邦就是以德服人。當然，我這麼說，肯定有很多人要跳腳的，畢竟劉邦的形象太差了，哪來什麼「德」呢？可事實上，「以德服人」這個詞是被後代的純儒給綁架了，他們口中的「德」，太窄、太隘，似乎只有不苟言笑、極認真、極嚴肅的所謂仁義道德才叫作「德」。「德」當然不只如此。

那麼，到底什麼是「德」呢？簡單地說，「道德」、「道德」，在天為「道」，在人為「德」；順乎天道的，就是有德之人。孔子說：「天何言哉？」一個人能自自然然，如上天那樣大化無形，就是個有德之人。「以德服人」是不藉由力，也不藉著言語論辯，單單憑著人格特質、「感而遂通」，讓大家心悅誠服。最高的一種德，是沒有所謂倫理道德的形象，大家卻很自然地服他，願意跟他親近，願意為他所用。這種人可能外表粗魯無禮，看似一堆毛病，可是大家就是服他，就是甘心聽他差遣。劉邦就是這樣「以德服人」的王者。

上回我受秋風（本名姚中秋）兄之邀，到中國人民大學講座，講〈中國人的生命氣象〉，提起了王者氣象。座中有教授問，歷史上誰人可稱得上「王者」？我說，頭一個就是劉邦。我這麼說，這位教授當然不以為然。事後他在微博上批評，至少，東漢光武帝劉秀的檔次就比劉邦高得多。劉秀儒生出身，當皇帝之後又鼓勵儒學，以至於東漢末年太學大盛，鼎盛時竟多達三萬人。

他說的，當然沒錯。站在儒家的立場，揄揚劉秀，瞧不起劉邦，也很正常。只不過，儒家雖說重要，雖說是中華民族的大根大本，可一旦變成一枝獨秀，唯尊儒家，不論是早先的東漢，或者後來的宋明清，總之，都不是個大氣象的時代。東漢儒學的極度興盛以及太學生人數的登峰造極，是好是壞，其實都不好說。大家知道，正因為太學的極度興盛，直接導致了東漢後期嚴重的「黨錮之禍」。當士人與太學生一個個自認為是「清流」，將實際參與政治的人都鄙夷為「濁流」之時，這種「清議」的姿態越高，士人與政府潛藏的對抗能量就越大，到最後，「黨錮之禍」就在所難免了。事實上，只要是儒家過度興盛的時代，讀書人熾烈的使命感加上經常可見的自視甚高，就會相競標榜為「清流」，然後再把身處的世界說得一文不值，進而激烈批評，不知不覺中，再一轉轉為攻訐；這麼一來，真能解決任何問題嗎？當「訐以為直」越來越普遍的時候，世局的對抗與混亂就必然要愈演愈烈了。

最好的狀態，是不標榜。

當然，世上有一些比較「清」的人，肯定是件好事；這種人值得尊敬，也為後世立下了人格楷模。可即便如此，「清」仍不宜過度標榜，所謂「清流」的人數也不宜太多。歷史上最著名的「清流」是誰？是「義不食周粟」的伯夷、叔齊，後來連孔子、孟子都佩服他們。當初伯夷、叔齊覺得周武王起兵伐紂不過是以暴易暴，用一個不義去取代另一個不義，於是「叩馬而諫」，在勸阻無效、周也滅了殷之後，二人便隱於首陽山，拒絕吃任何周朝的糧食，最後活活餓死。

這種氣節，當然了不起。

可是，後世的儒生面對伯夷、叔齊，卻有種根本的矛盾——一方面，他們極力推崇伯夷、叔齊；可另方面，又標榜夏、商、周所謂「三代」才是最好的時代。自秦漢以後，即使漢祖、唐宗，皆不足為道；用朱熹的話說，自周以後到他身處的南宋，「千五百年之間」，都是「架漏牽補過了時日」；他的結論是，「堯、舜、三王、周公、孔子所傳之道，未嘗一日得行於天地之間也。」

朱熹所說的「三王」，當然就是夏、商、周。可是，周朝不正是伯夷、叔齊所鄙棄的那位周武王所建立的嗎？西周開始的幾百年，是個好時代，是個歷史上極被讚歎的時代，再挑剔的儒生似乎都沒啥話講。可是，這麼好的時代，伯夷、叔齊卻又不屑到寧可餓死也不願意苟活其中。這裡頭，是不是有種根本的錯亂?!到底是後代讀史的人全都高估了西周呢？還是伯夷、叔齊被某些道德感給沖昏了頭？伯夷、叔齊當然人品「高尚」，可他們人品後頭的道德標準是不是也「高」到與現實完全脫節了呢？

正因為這種脫離現實的道德感，宋明之後以朱熹為代表的儒生才會一方面標舉伯夷、叔齊，一方面又標舉夏、商、周，而另一方面又永遠感嘆「堯、舜、三王、周公、孔子所傳之道，未嘗一日得行於天地之間也」。對他們而言，現實始終背離著他們的理想與道德，因此他們總覺得生不逢時，總覺得天下無道；當他們不斷說「道」「未嘗一日得行於天地之間」之時，就意味著他們對現實始終有多深的憤懣與不屑。

於是，他們一直就瞧不起劉邦。可問題是，劉邦所開創的漢朝，直到王莽篡位之前，除了土地兼併的問題比較嚴重之外，整體而言，那兩百年間社會的穩定、百姓生活的祥和、整體生命狀態的質樸與大氣，其實都很少有時代可以超越。如果連這樣的兩百年他們都看不上眼，那麼他們又該活在什麼時代？倘使這兩百年的太平盛世他們能夠認可，這樣的盛世又到底從何而來？這跟劉邦完全沒關係，壓根就是莫名其妙天上掉下來的嗎？這兩百年的太平盛世跟儒生們到底又有多大的關聯呢？事實上，儒生再怎麼大言夸夸、自我標榜，真說要有某些關鍵的影響力，終究也得等漢武帝罷黜百家、獨尊儒術以後了，而這時的漢朝太平基礎，不是早已就打下了嗎？

儒者責任感深，是好事；可因責任感太深，變成了自視過高，那就不是好事了。後來某些儒者過於自大，總認為倘使有機會讓他們行「道」於天下，天下一定就怎麼樣又怎麼樣。說實話，這有點好笑。儒者雖說重要，但真實的分量，卻遠遠不到他們所標榜的那個地步。因為自視過高，所以面對王者時，儒者就容易顯現出一種輕慢和自大。常常只因他這樣的「大才」沒受到重用，幾乎就可以代換成「天下無道」；又只要他受到重用，這個世界馬上又如何不一樣。正因如此，讀書人容易酸。別的不說，前面我們讀孟子，孟子就覺得只要齊王重用他，管仲、晏嬰算什麼？那口氣之大，其實令人費解。孟子真有這麼大的本事嗎？儒生掌政，天下當真就能澄清嗎？真讓一個儒者放手去幹，不是只當個國師，甚至也不只是當個宰相，而是直接當皇帝，最後結果又會如何？歷史上確實出現過這樣的人，他就是王莽。王莽是一個儒生，也是一個理想主義者，後來放手大幹一場了，最後結果呢？

後來的儒生，常常一如劉備臨終前交代諸葛亮時評價馬謖的四個字：「言過其實」，在談理想、說懷抱之時，不太能意識到自己的有限性。儒者固然有益於世道人心，也可以扮演相當重要的角色，可儘管如此，卻不該過度延伸與誇大。

讀經教育

既然說到儒者的過度延伸與誇大，不妨也談談不少人關注的讀經運動。

隨著國學熱的興起，讀經學堂在兩岸各地四處開花。我跟讀經圈略有接觸，與王財貴先生也見過幾回。我欣賞他，也佩服他，但是我不贊成讀經運動的某些做法。

總的說來，王財貴先生推動讀經教育的立意與出發點，是沒啥問題的。讀經教育強調趁孩子小的時候，多打下經典的基礎；而孩子小的時候，經典只要帶著讀，琅琅上口就好，不必多花時間太作講解。這都對。孩子十二歲之前，的確不需要講解。偶爾心血來潮，真要講解一下，也無妨，但不能執著於一定要讓孩子懂。換言之，得先拋開「一定要讓小孩懂」這個執念，因為先格物再致知，致知是要擺在後面的，別一開始就非得要他「懂」不可。

前幾天，薛朴去旁聽（北京）南山華德福學校的京劇課，反應不算好，原因是學校請來的京劇院老師一直跟底下的學生講五個字：「你們要思考」。薛朴就覺得挺無聊。薛朴這樣的反應，其實很準確；十二歲以下的小孩，本來就不需要跟他們強調「思考」二字。即使稍大一點的青少年，都不需要太過使用這種字眼。

讀經運動強調孩子先背再說，不必花時間理解經典；理解與「思考」，不著急，等過了一定年紀之後，慢慢再展開即可。這點是對的。同時，王財貴先生推廣讀經時，也吻合了中國人喜歡簡易的心理。前面我們講魯定公問孔子：「一言而可以興邦，有諸？」中國人總希望「事情別太複雜，你就告訴我個方法，可以一輩子派得上用場」，於是王老師便告訴大家：「老實讀經」。就這麼一句話，一點兒都不複雜。可雖說就這麼一句話，對許多人卻很管用。對他們而言，只要「確定」照著做就能夠有成果，自然就可以堅定地悶著頭去做。如果大費周章跟他解釋：這事有利有弊，利在哪兒、弊在哪兒，又要注意些什麼，可能又有哪些副作用……反而會弄得他一頭霧水，從此就裹足不前了。

大家知道，淨土宗在中國佛教之所以影響力極大、極深，正因為淨土宗的法門最為簡易——老實念佛，尤其臨死前只要更認真地念，身旁的人也幫忙助念，這樣就可以被阿彌陀佛所接引，往生西方極樂世界。這個法門太簡單了，任何人都可以做得到，所以它會興盛。中國人正是如此，不喜歡把事情搞複雜。所以王先生跟大家講：「只管讀經」，大家就有信心了。

但是，法門太過簡易，免不了就有後遺症。正因為方法太過簡單，一門深入之後，常常進得去，卻未必能出得來。當每個人都信心滿滿、堅定地悶著頭去做時，凝聚力變強了，排他性也變大了，從此這個群體就不太能容得下許許多多的批評與質疑了。讀經界就有這樣的問題。

王先生用這麼一個簡易的法門，加上驚人的意志力，二十幾年下來，僕僕風塵，奔波於海峽兩岸、大江南北，不斷地講座、不斷地宣傳，於是形成了這股讀經運動的風潮。他講座基本上不收費，人家給講課費他也不要，完全是宗教家的情懷與文化的使命感，這一點感動了很多人。於是，許多充滿使命感的人便帶著類似的宗教徒情懷追隨著他。但當讀經教育越成了氣候，各式各樣的人紛紛湧進來後，用王先生的說法，阿貓來了，阿狗也來了，這意味著，讀經運動越來越有「群眾基礎」，底氣越來越足，自信也越來越強大，因此他們就更毫不遲疑地努力說服著別人，也更不遲疑地把事情簡化，同時，還更不遲疑地把讀經的效益延伸到最極致。

讀經教育早先從幼兒抓起，後來又進一步，主張從胎兒做起。所以當孕婦懷胎時，家裡就會準備多台的答錄機、MP3，或者是所謂的讀經機，不停地播放，不斷地重複，鋪天蓋地般把經典瀰漫在孕婦的生活周遭。王先生說，孕婦聽不聽無所謂，反正，胎兒會聽。王先生又說，聽中國經典的同時，最好也聽莎士比亞等等的西方經典；如此同時兼聽中、西，可以幫孩子打下最深的基礎。如此同時兼聽，孕婦當然可能會覺得很雜，不過，胎兒卻沒這問題。

可問題是：胎兒與孕婦當真能切割得開嗎？胎兒與孕婦不是血肉相連嗎？如果孕婦聽了會煩，感覺很躁動，那麼，她的身心狀態有可能會不影響胎兒嗎？事實上，胎兒是否真能從這樣地同時兼聽受益多少，並不好說；倘使真要受益，恐怕也得歷經幾番周折，才有可能。可孕婦的煩躁會直接感染到胎兒，卻是完全可以確定也立即可見的。換句話說，這種胎教的正面效果，是被高估了；可負面的影響，卻被小看了。

另外，我也不贊成同時背誦或同時吸收中國的經典與西方的經典。倘使胎教沒有效果，那就算了；倘使真有效果，如此東、西方經典同時背誦、同時吸收，到底會不會在孩子的最骨子裡就開始產生衝突、製造扞格了呢？大家知道，東、西方的文化固然有相通之處，但另外有些部分卻是根本就無法匯通的；最多，就只能相互理解、相互尊重。而這些無法匯通的部分，常常就是經典最「不共」的地方。當孩子遠遠都還不可能有任何能力可以理解與分辨之時，我們就急著把這些異質的東西注入胚胎，這又將會造成什麼結果呢？

大家別低估這些衝突。在學會相互理解、相互尊重之前，更重要的，是《大學》說的「知所先後」，先把中國文化的基礎打穩了，再來接觸西方的東西，畢竟，「物有本末，事有終始」，能掌握本末終始，肯定會對小孩整體的身心發展好一些。王財貴先生經常說道，讀經教育要把人類所有最偉大的精華全部放進來。這胸懷當然了不起。但是，東方精華與西方精華是不是該有個先後之別？又到底能不能真正彼此相融呢？這都是根本的大問題。

讀經教育更大的問題在於：除了讀經之外，小孩幾乎沒有其他生活。很多人整天讀八小時，有的十二小時，全日制，甚至不放寒、暑假，簡直像和尚閉關一樣。和尚閉關是出家人成熟到某種程度、也修行到某種程度之後的作為，當然有其必要；可是，十歲左右的小孩，有什麼成熟度，又有什麼修行基礎可讓他閉關數年去讀經嗎？

說到底，讀經教育是誇大了經典的重要。經典重不重要？當然重要。但是，經典再重要，依舊是聖人從生命的閱歷與證悟之中提煉而來的，不管如何了不起，終究，也只是二手的東西。孩子倘使沒有生活，沒有第一手的生命經驗，背了那麼多的經典，又到底從何生根發芽？今天我們要教給小孩的，除了前人提煉出來的東西之外，更重要的，是不是讓小孩自己也有提煉的能力？小孩最必須要有的，是要有感的能力，要有生活的能力，可是眼下的純讀經的學堂卻幾乎不碰這些東西。小孩沒有一手的經驗、一手的感受，卻塞了那麼多二手的東西，即便這些二手的東西再怎麼了不起，可依舊是本末倒置呀！

古人當然很小就開始背經典，有些人也因此成了大才，但是，這有個前提——古人在背經典的同時，他們有生活，有家族的婚喪喜慶，有歲時祭儀，還有宗族鄰里的人倫關係，在這些實際生命經驗的滋養之下，經典才有豐沃的土壤，讀了經典的孩子日後才得以成才。可現今的讀經教育，孩子卯足全勁、一心一意背完中西經典三十萬字，在如此龐大的背誦量之下，勢必得抽掉絕大部分的具體生活與實際的生命感受，只能全日制地讓孩子在學堂從早背到晚，如此一來，經典背後的根基、經典前頭的體驗，又到底從何而來呢？

《南方周末》在二〇一四年九月有篇報導：〈這更像是一個耗盡耐心的故事：十字路口的讀經村〉，雖說未必全然公允，但確實碰到了某些問題。其中的問題之一，是許多家長都特別關心的：這些讀經教育的孩子，將來的出路呢？事實上，為了解決這個問題，王先生已經在溫州成立了一個文禮書院；當讀經的孩子背誦中、西經典達到三十萬字之後，就具備進入文禮書院的資格。早先在各地學堂的學習，是第一個階段，就是背誦經典；而進了文禮書院，則是第二個階段，開始解經。讀經圈的人普遍認為，將來這個文禮書院會成為嶽麓書院之後另一個千年學府。

但是，這會是真的嗎？文禮書院會成為一個千年學府嗎？又或者說，文禮書院會成為一個個聖賢的培養基地嗎？

首先，中國的任何書院、任何寺廟，真正能傳下去的關鍵，在人。人能弘道，非道弘人。有人，書院就興旺；人走了，書院就衰頹。人能保證書院，而非書院保證了人。有孔子在，咱們去追隨他；至於他在哪個書院（假使那時有書院的話），那可一點兒都不重要。同樣地，倘使禪宗六祖慧能和尚在南華寺，咱們就去南華寺參拜；倘使他去了另一個寺廟，咱們就改去那一個地方。如果慧能不在南華寺，我們去南華寺的必要性就不大了。「千年學府」云云，可能更多是西方概念，譬如牛津大學、劍橋大學，學校比人重要，機構保證了後頭的人；近代受西方影響，中國人也開始大談「四大書院」，也開始強調嶽麓書院是「千年學府」。這樣的說法，不是不能提，但總之，不是中國式的。

其次，文禮書院會成為聖賢養成基地嗎？我想，等一、二十年過了之後，大家陸陸續續看到真正的結果，屆時，可能會與讀經圈眼下的熱切期待產生不小的落差。前面說過，進文禮書院只有一個條件：背三十萬字的中西經典。前面也說過，這個門檻使得孩子必須要把所有的時間、精力幾乎全部用在讀經之上；等進了文禮書院，他們又得專心一志、孜孜不倦，再花十年的時間來解經。一個孩子進文禮書院之前，近乎閉關，整天在學堂；等進了文禮書院之後，又近乎閉關，整天在書院。前前後後，從年少到青年，幾乎二十年的時間，就一直在接近封閉（讀經圈理解成「純粹」）的環境中與經典常相左右。這份毅力與虔誠，當然令人動容；可問題是，在這樣封閉（或者是「純粹」）的環境之下，即便是如此的毅力與虔誠，到底能不能培養出聖賢呢？

聖賢是應世之人，是對應時代乃至於開創時代之人；聖賢要比誰都更具有強烈的現實感，否則，憑什麼對應時代乃至於開創時代？培養聖賢的最重要關鍵點，是「感」得時代之心，「感」得天下人之心，這是最高級別的「格物」。讀經教育因過度強調經典，使得孩子在成長過程中缺乏生命的種種經驗，也缺乏對現實的種種對應，於是便少了一樁樁的「感」與一樁樁的「格物」。沒有「感」、沒有「格物」，要成為真正的聖賢、真正的大才，又如何可能？

真正要培養大才，當然不能整天只是讀書。他得見過世面，得走走江湖，得知道人間險惡。如果連遇到一個普通的壞人都沒法應對，這算哪門子的聖賢？面對壞蛋，聖賢即使無法搞定，至少也能夠妥善地應對。讀經教育的孩子整天就是背誦經典，像是無菌室成長的人，面對壞人，多半只能發慌，只能在心裡「反求諸己」，或者把經典裡面罵小人的字眼過了又過，最後無奈地感嘆：「怎麼會有那麼壞的人?!」

如此窮一、二十年之力，孜孜矻矻讀經解經之後，這批青年的最大可能，並非讀經圈口中能為天下開創新局的所謂聖賢，而是成為一個個現代意義下的書齋學者。大家知道，現代某些學院的學者，其實是越沒有生命經驗，才越可能專注在學問世界。有些人甚至在現實中都不太具備生活能力，譬如以前的錢鍾書，又譬如現在的余英時。他們是把外面的萬緣放下，全部隔絕掉，因此能比誰都專注。這些讀經青年具有同樣驚人的毅力，也耐得住寂寞，更能比誰都專注。但是，這樣的學問，終究與聖賢的學問是兩回事。儘管他們整天談的是聖賢，可實際卻只會離聖賢越來越遠。

總的說來，王財貴先生推廣讀經，肯定有其歷史性的功績，絕不能因為後來的種種問題，就輕易抹煞他的貢獻。我必須認真地說，王先生是很了不起的。可同時，王先生對於經典的過度誇大與想像，在當下文化重建的關鍵時刻，也的確需要做一些細緻而根本的釐清。事實上，當年南懷瑾先生之所以一開始鼎力支持王先生，可後來卻又抽手，不願意再摻和，正是因為裡頭有問題呀！

譬如王先生提倡「論語一百」，認為只要全中國有多少人讀《論語》，這個世界就可以怎樣又怎樣。這樣的說法，多少仍是儒者的誇大與想像。事實上，這世界越來越多的人讀《論語》，基本是件好事，可是有時也未必盡然。東漢儒家大盛，讀《論語》的人肯定比西漢初年多很多，可是整個東漢的氣象恐怕不會比西漢初年更大更好。西漢初期劉邦和那一班功臣多半沒讀啥書，也不懂什麼聖人的道理，可是那是個好時代，人質樸、大氣而有喜氣，實際上都更接近孔子「老者安之、少者懷之、朋友信之」的理想。所以，重點是生命狀態，不在於多少人讀了經典。

道不遠人

【學　生】：經與權的問題，具體要如何把握？

【薛老師】：可以先從語言把握起。

剛剛說，語言可分成法語之言和巽與之言。法語之言好像法律一樣，一條一條很清楚、很明白，這就是經。《論語》裡面有很多這種語言，都是百世不易的道理。另外一種叫巽與之言，《易經》有個「巽」卦，巽是風，風一般的語言，無跡可尋；可有時春風拂過，自然就有化育之功。這種巽與之言或是拐彎抹角，或是正言若反，或假話，或反話，都有可能。這些不直接、貌似不清晰的語言背後，通常有個更深刻的東西，得細心玩味、推敲推敲，不能停留在字面的意思。

平常我們教小孩，語言就要保持這種豐富性。不能只有法語之言，否則，小孩就容易教傻；也不能只有巽語之言，否則，小孩也會教油了，如果教到比你還江湖，那也完蛋。

所以，這兩種語言要交錯著用，小孩習慣兩種語言自由切換之後，會慢慢拿捏經跟權怎麼去掌握；這些東西得慢慢培養，慢慢鍛鍊。像我平常在家，常常胡說八道，薛朴的反應就是：「爸爸又在亂說話」。至於他大姐，因為「修養」比較好，就說：「爸爸好風趣哦」。可是遇到重要的事，我認真講句話，他們肯定不會以為是「爸爸亂說話」；面對不同情況，他們是可以分辨的。

這種交叉運用，一向是中國人的語言習慣。中國人是該正經就正經，該戲謔就戲謔；外表上隨隨便便，可裡頭藏著機鋒，也藏著一種骨子裡的極其認真與毫不苟且。世界上其他民族不太容易像中國人把語言的出入玩到那麼靈活、那麼存乎一心。

當然，在那種純儒的家庭或是原旨主義的讀經學堂裡，問題就比較嚴重。他們只知「經」，不知「權」；只有法語之言，沒有巽語之言。教出來的小孩，很容易就產生兩種後遺症：一是教傻了，二是變虛偽了，外表上看起來很規矩，可肚子裡卻一堆反逆的想法。上回《南方周末》對讀經學堂的報導，即使有某些以偏概全的問題，但還是很有參考的價值。

【學　生】：「仁」是不是一種情感的表達，而「智」則是理智方面的？

【薛老師】：「仁」的核心，當然跟情感有關，但把它跟「智」截然劃分，變成一種概念的分析，最後可能就與《論語》脫節了。中國的東西都不適合分析，準確地講，中國的東西都必須超越分析。一落入分析，看似頭頭是道、滿有道理，可卻會有種根柢的隔閡；說了半天，終究於己無益。

所以，我就不分析「仁」與「智」的差別，單單只談這個「仁」字。大家知道，我們平常會罵人「痲木不仁」，這詞意味著：「仁」得先要有感；只要無感，就是不「仁」。不幸的是，我們現在的教育恰恰是一種無感的教育。體制內的教育以客觀理性、邏輯思維為名，必定要把你的感受給抽離開。尤其大學，更是整天進行著抽象的客觀分析、思辨論證，想方設法，就要把人的情感給去除掉，那才是最徹底的無感教育。

這樣子做學問，肯定是與《論語》徹底背離的。只要是用這種分析、思辨的方式，不論怎麼講，都不對，且越講，只會離得越遠。

談中國學問，首先就要有個「感」字。所謂「格物致知」，「格物」是什麼？「格物」就是先感，進一步「感而遂通」，最終再感通到與物無隔。至於「致知」，則是感而遂通之後，回頭再有個知解與思索。「格物致知」說白了，就是先感後知；換言之，感是知的根本。所有學問的根本，永遠是我們對世間所有人、事、物的真實感受。

有了感受，我們後面所有的認知，才可能像株有根之花，生機盎然地發展下去。否則，所有的求知，都會變成是《莊子．養生主》所說的「吾生也有涯，而知也無涯，以有涯隨無涯，殆矣」；而所有的思索，也都可能會異化成「往而不返」的逐物。

「先感後知」這樣一個順序，原不只是中國學問的，而是人類所有學問都應該共同具有的。可惜，西方文明早在兩河流域肇始時，致知與格物就出現了某些脫節，兩者的關係就沒那麼渾然一體；而後，強調思辨、強調哲學的希臘又進一步擴大了這種斷裂，等到近代科學主義興起之後，就徹底把感受的東西抽離掉，炮製出一種所謂完全客觀、完全理性的思維，從此，「無感之知」橫行四方，統治了全世界。這種沒有格物基礎的致知，準確地講，是一種「偽致知」，本質說來，是種極不健康、極不正常的東西，其實就是一種癌細胞。因為是癌細胞，所以會惡性膨脹，會有一種變態的強大，所以擴張得極迅速、極猛烈，甚至還讓中國人喪失了自信，許久都抬不起頭來。

現在很多人都在講「匯通中西」，這話也對、也不對；西方當然有可取之處，也當然有可以匯通的地方，但是像癌細胞這種東西卻是不能被匯通的。不過，面對癌細胞，我們倒不需急著消滅它；畢竟，癌細胞不是用殺的，只要養好咱們自身的正氣，慢慢地，癌細胞就可能變得無關緊要。因此，我們不需消滅與格物完全斷裂的科學主義，只需把好的東西、對的東西發展出來，換言之，我們只須恢復格物，把該怎麼教育、怎麼生活都弄好了，最後，到底會是「君子道消、小人道長」呢？還是「君子道長、小人道消」呢？就只能聽天由命了。老實說，兩者究竟如何消長，很難說得準。如果人確實作孽太甚，上天真要絕人，那誰也沒辦法；說到底，我們就只能盡人事、聽天命。人不能過度傲慢、過度自大，認定我們必能做些什麼、必能扳回些什麼。

我不喜歡自居中流砥柱，也不想力挽狂瀾，我只做我該做的。當然，某些時候是可以做中流砥柱的；但更多時候，這樣的念頭只會製造太多不必要的緊張。即使我們是對的，也別太執著，別太把自己當回事。我們就是做我們該做的，除此之外，還必須因此而活得更好。如果因為做了該做的事而將自己搞到很愁苦，那麼即使再對，都會變成不對。

《論語》處處強調「悅」、「樂」，一個好東西、一件好事情，首先就得讓人心生歡喜。但凡是對的，必定讓人走得踏實、走得安穩，進而有種悅樂之情。所以，孔子特別稱許顏回「人不堪其憂，回也不改其『樂』」，重點就在於這個「樂」字。孔子在意的，正是這麼一種「悅」、「樂」的生命狀態。因此，「仁」也好，「智」也罷；情感也好，理智也行，重點都在於我們怎麼慢慢地調整生命狀態，同時也讓身邊的人能深覺其好、心生歡喜。這才是更大的功課。

【學　生】：《論語》裡的「小人」和我們現在說的小人一樣嗎？

【薛老師】：有的一樣，有的不一樣。

《論語》裡的「小人」，大概可分成三種。第一，「民可使由之，不可使知之」，這種「民」就叫小人，指的是市井百姓。第二，孔子告誡子夏「女（汝）為君子儒，無為小人儒」，這裡的「小人」是指心量、氣度、格局都不大的人。第三，就是我們現在習慣用法所說的那種卑鄙、齷齪之人。

第一層的市井百姓跟另兩層的小人，完全是兩碼子事。市井小民可讓人佩服的，可多著呢！他們的心量之大、為人之坦蕩，常常是一般有身分、有學問之人所不能及。因此，「小人」到底指的是哪一種，還得看看說話的情境，才能夠抓得到確切的意思。

所有中國的學問，都必須在具體的情境裡，才能看到它的真實。所以，不需要有一個太清晰的「小人」的定義。中國學問不需要定義；真去定義，也定不住。

【學　生】：沒有定義，怎麼去評估或者考慮呢？

【薛老師】：最大的評估，說穿了，就是你的感覺。你一看，就知道了。比如小孩教得怎麼樣，父母最明白。父母感覺孩子有了變化，這感覺不可能化為具體的指標，但心裡肯定是清楚的。

知識性的東西，可以考試；技術性的東西，可以有指標。但如果是真正生命性的東西，就既非知識，也不能量化，更無法有指標了。可雖說沒辦法有啥具體的指標，但你一看，還是能知道的。萬一我們擔心自己眼力不足，或者情感涉入太深以至於沾事則迷，那麼就不妨請旁邊的人幫個忙，旁觀者清嘛；說到底，只要眼力夠，還是可以看得出來的。

【學　生】：我們可以提醒自己「事不過三」，可是如果我們是那個接受者的角色，被別人四次五次地批評說教，我們怎麼轉化，怎麼活出一個比較好的狀態呢？

【薛老師】：不一定，得看看這裡所謂的「別人」，到底是什麼人。有些人不妨敲打一下，有些人可以默然以對；有些人不妨對他傻笑，有些人則應該置若罔聞。可如果是自己的父母，那就另當別論。

之前跟大家提過，二〇一四年春天我父親生了一場大病，那一年，每回我帶他去看中醫，總要被他一路數落、叨念，有時話還講得真不太好聽。你說，這時怎麼辦、怎麼轉化呢？很簡單，他是老爸嘛，我被他講其實是應該的。我知道他身體狀態這個樣子，很容易情緒不穩，所以就讓他講，讓他把情緒發洩出來。如果我心裡委屈，覺得「我那麼辛苦帶你看病，你還這樣子講個不停」，那我就完了。那是我搞不清楚自己的位、搞不清楚自己的狀態，也沒有搞清楚我父親的真實狀態。

平時，我們可以要求自己「事不過三」，但遇到父母對你「過三」時，我們多半只能更加體諒：每個人都有局限，尤其老人家。孔子說，面對父母，我們只能「幾諫」；「幾」就是見機行事；我們只能抓住合適的時機點來勸諫。

說起我父親這次恢復的過程，最重要的關鍵，是我母親任勞任怨的照顧。在父親病情最嚴重時，我母親幾乎是用哄小孩的口吻在照顧他，完全是無微不至。可在幾個月之後，當父親已然慢慢康復，我母親卻沒調整過來，還停留在早先最嚴重時那種哄小孩的口吻，我父親當然不耐煩，一受不了，就常常罵人。母親幾次覺得委屈，講著講著，就不禁哽咽。有一次我就跟父親稍微提了一下，媽照顧您如此辛苦，您也不能老罵她呀！

二〇一四年中秋，高中的老同學來我家，一進門，還沒坐定，就問：伯父有沒有好一點？趁這個機會，我就「幾諫」了一下。我說：有啊，現在進步很多。父親剛中風時，我媽講話，他連說都不想說（因為他中風之後有語言障礙），現在不僅會跟我媽說話，還會罵人呢！我媽急忙笑著說：沒有啦，沒有啦，現在（他）不太會（罵人）了！

原則上，就這樣：如果你在父母面前覺得有一點委屈，恰恰是個很好的鍛鍊機會。不過，這鍛鍊也要有個「度」，別搞到曾子那樣「愚孝」的程度。曾子年輕時非常孝順，孝順到匪夷所思：有次在田裡被老爸大棒一打，也不知道要跑，就乖乖地挨著！挨打後，昏迷了片晌，等醒過來，趕緊就回到房間故意大聲地彈琴，好讓父親知道：爸！我沒事，您放心！隨後，這事就被曾子的同學當成美談傳到孔子那兒，孔子一聽，大怒，當下就讓人傳話叫曾子從今往後別再來了，他哪有這麼死腦筋、要陷父親於不義的學生?!

上回我講過，要把小孩教好，但千萬別把小孩教傻。現在大陸國學熱下，某些特別極端的讀經學堂，稍不小心，就容易把小孩教傻。

【學　生】：曾子的整個言行風格、生命狀態，跟他老爸「風乎舞雩」的感覺非常不一樣，反差太大了，這是不是因為他們在「感」的方面有區別？

【薛老師】：除了上述這極端的例子之外，其實曾子還是非常了不起的；他的誠摯、認真與厚實，都讓後人思之不盡，樹立了一種令人仰望的人格典範。不過，曾參的過度認真，的確和他父親曾點在「感」之上頗有差異；曾點離詩近，曾參離詩遠；後代受曾參影響較深的儒者，多半也都不太有詩意。

曾參極度認真，可是，詩首先就是不能過度認真。韓愈的詩句，「草色遙看近卻無」；在這種若有似無、清楚與不清楚的邊沿界際中，才會有詩。詩雖說不清楚，可大家卻都能感覺得到。詩主「感」。後來的儒者道德、學問談得太多，「感」這層就輕忽了。

現在體制內教育的最核心問題也同樣在「感」。只不過，以前儒者是輕忽了「感」而談太多的道德與學問，至於現在受西方影響的教育，則是一開始就跳過了「感」而直接在「知」的層次打轉。所以當孩子的知識越多，就越可能變成他生命的障礙與負擔。現在小孩所接受的知識量之大，可算空前；從來沒有一個時代像現在那麼小的孩子就普遍擁有那麼大的知識量。可是，偏偏他們又特別「白目」，對事物特別無感，這就造就了他們生命最根柢的扭曲。

這種「感」、「知」的失調，使得有些人甚至在學「感」的事物也同樣出現問題，譬如：許多專業在學鋼琴的孩子，一個個自幼開始，每天都至少得埋頭苦練八小時；這種學法，被視為不輸在起跑線，被視為紮下深厚的童子功，可其實是把小孩給毀掉了。我當然承認小孩將來有可能會成為所謂的成功人士，會變成一個傑出的鋼琴家，可是，他的生命狀態呢？大家應該都看過莫札特的故事吧！事實上，有多少所謂偉大的音樂家也是如此呢？大音樂家能夠生命狀態健全的，如果借用孟子的話說：「幾希！」，還真沒幾個。一個小孩沒有活潑潑的生活，沒有生命實感，只剩下訓練時，最後還能夠身心健全的，真是沒幾個。當他身心不健全了，而後所謂「偉大」的什麼家，又到底有什麼意思呢？

人活著，不是為了那些抽象的「偉大」事兒；這種種的「偉大」，不論是治國平天下，或是成為什麼家，就本質而言，都與生命有隔，都不真切。真切的東西是什麼？「風乎舞雩」，就是真的。真切的東西是什麼？當下我們與人的相處，回家面對父母、妻小，這也統統都是真的。只有體會到這些真切，再慢慢往外擴充，進而體會更大的世界，這才是儒家最基本的原理。但凡真切，就不單單是理論，也不單單是學問，甚至也不是空洞的「仁義禮智信」。

「仁義禮智信」這些字眼，剛開始都是好的；可再好的東西，如果講個幾年、幾十年，就會面臨陳腐的危險，這時就得考慮該換個詞了。為什麼要換？就是要重新找到詞後面原來那個新鮮、活潑潑的「感」。一個字眼用久了，我們會習以為常，講得太順、太滑了，再好的話都會失去原有的真實感，就會變成陳腔濫調。「仁義禮智信」是好東西，但一旦變成陳腔濫調，我們就得暫時擱著，偶爾用一下無妨，但別老掛在嘴邊。最好的情況，是用我們當代的語彙，把「仁義禮智信」後面的生命感重新轉化，用另外一個新的字眼，再把它體現出來。

任何時代都應該要有新的語言，可根本的精神，卻是永遠不變的；「萬變」一定要「不離其宗」，這很重要。因此，中國文明必須要建立在尊重傳統、繼承傳統上，典籍得讀，可每一代人都得再翻出當下的新意。怎麼翻？只要一方面立足經典，一方面又踩穩在生活，接得了地氣，自然就可以用時代的新語說出萬古不變的東西。

【學　生】：我們怎麼知道當下該做什麼？是以哪個標準來選擇的？

【薛老師】：具體的標準不好說。只能根據每一個當下的狀態而定。中國的東西，講究一個「機」字，都只能是當下對應。

也正因如此，我常說，中國學問從來就不是西方意義下的「客觀」學問，關鍵就在於中國學問必須在每一個當下醞釀、生長而出。上次我去貴州的孔學堂講座，事先主辦方要ＰＰＴ；我說，我講課不用ＰＰＴ。一般說來，講課者分兩種：一是沒有ＰＰＴ，就沒辦法講課；另一則是有了ＰＰＴ，就不會講課。我屬於後者。二者的差別在哪兒呢？如果，課程內容是結構式的、知識性的東西，那麼，就應該要有ＰＰＴ。可是，如果講的是生命性的東西，是生長式的，那麼就不適合用ＰＰＴ。因為，ＰＰＴ通常會妨礙生長，會把講課的可能狀態給局限住，進而阻礙了隨時應機而出的生命感與流動感。

就本質而言，中國的學問都是生命的學問，都一定要跟修行相結合。在中國人看來，一個沒啥體悟、沒啥修為的人大談學問，這學問是有問題的。如果用佛教的話來說，那種學問叫作「戲論」。中國學問首先就是要永絕戲論。這種永絕戲論的中國學問，通常隨著年齡的增長、閱歷的積累，但凡修行得法，就會不斷有層層的轉進；六十歲可以比五十歲有學問，七十歲學問也會比六十歲圓熟。這學問的圓熟，用傳統的話語來說，就是更加「通透」。如果夠「通透」，自然會知道當下該做什麼；如果夠「通透」，自然有辦法用時代的新語來說出萬古不變的東西。

【學　生】：這個假期我看了幾本林谷芳老師的書，可能我層次太低了，覺得很多地方看不懂。希望您能給個建議，怎麼樣能夠更深入地看他的書？比如我看公案，也不明白為什麼標準答案就是這個，而不是那個呢？

【薛老師】：公案是沒有標準答案的。就像學生問「聞斯行諸」，孔子針對子路與冉求，就給了截然不同的答案。當然，在當下的具體情境下，針對某一個具體的人，答案都可能是唯一的。不過，那當下唯一的答案並不是所謂的「標準答案」。

禪宗公案的情境更具體、更生活，也更流動，真要還原當初的情境，可能也更顯困難，所以，有一些公案常常變成了各自想像、各自表述，不同的人就會有各種不同的解讀。如果有人宣稱他那樣解公案才是唯一的標準答案，這人多半是個騙子。

讀公案，如果讀著讀著，突然有種醒豁的感覺，這公案對你就有用。如果看了一頭霧水，那就擱著唄！不要去「研究」到底是啥意思，更不要去「思考」究竟有何意義，公案很忌諱打破沙鍋問到底。看不懂的，擱著；或有一天，重新又看看，突然覺得「哎呀，有意思！」，這公案就開始與你產生聯繫了。因為你的生命狀態到位了。生命狀態還沒到，或者說，你還體會不了那情境時，它對你是沒有意義的。不是它好或者不好，是跟你還沒有緣分。所以，別糾結，林老師有些東西你讀不懂，就只是緣分還沒到。

其實《論語》也一樣。誰宣稱《論語》全都懂了，這只說明這人不靠譜。我二十幾年前看《論語》，自覺可以懂個七、八成；可而今再看，有把握的，卻不到一半。表面上是我退步了，實際上是我進步了。因為我清楚自己的有限性，不敢輕易說懂，這樣反而好。

【學　生】：明天辛莊師範這兒有祭孔典禮，不知祭孔與一般的祭祀是否有很大的不同？有什麼特別之處？

【薛老師】：不一定有多大的不同，但是肯定比較講究，也比較莊嚴。

就我所知，台北孔廟與台南孔廟的祭孔典禮都做得比較到位。台南孔廟是延續明代晚期的祭孔典禮，我曾經去觀禮過一次，很有莊嚴感。當時的主祭官是台南市市長，民進黨籍，可在祭孔時，還是清晰感覺得到他那份虔敬。台南孔廟和台北孔廟的祭孔音樂都保存得好，可以感受到儒家特有的莊嚴肅穆，令人感動。有兩回，聽了台北孔廟的祭孔音樂，雖然還只是排練，我都已聽得落淚。

現在在大陸，祭孔的某些不太相干的目的性還是過強，老實說，這在短時間內，並不容易完全排除得了；這些目的可能是政治的，也可能是商業的，總之，離真心誠意都還有一段距離。就整體而言，這件事得慢慢來。目前看來，那些假的、浮華的東西，已在慢慢減弱消失；而真的、誠懇的東西，也會逐漸到位。我想，這不必太著急。至於具體的操作細節，我們可以參考文獻，也可以參考海內外各地孔廟的祭儀，未必真有哪一種儀式才叫作「最正確」、「最標準」；事實上，我們不必想著要完全復原哪一個時代的祭祀細節；具體的操作，肯定是有繼承、有轉化，肯定是與時俱進的。只要我們慢慢恢復感覺的能力，屆時感覺對了，那就行了。

剛剛說過，相較於一般的祭祀，祭孔必定比較規範，也比較講究。在台灣，祭孔大典多半是清晨五點正式開始，不會是九、十點才開始，更沒有下午的，一定都是在清晨。這是一個大原則。台灣許多廟宇最重要的祭典，常常是半夜子時開始，因為那是一天之始，有個天地之始。在下午或晚上的祭祀，基本就是祭鬼，所以中元節祭祀是傍晚。

順便一提，每年台北孔廟的祭孔大典，參與最熱烈的，大家知道是誰嗎？答案是：日本人。每年都會有一群日本人專程來到台灣，清晨三、四點，就去台北孔廟卡位，人手一本《論語》。祭孔典禮一開始，他們捧著《論語》，就在一旁誦讀著，年年如此，幾乎不曾斷過。這可以看出他們對《論語》以及對孔子的情感之深。所以，撇開近代的歷史問題，我們中國人（尤其大陸同胞）對於日本還是要多一點了解，甚至還應該要有一些敬重。日本人對於中國文化的溫情與敬意，有時真讓我們中國人汗顏不已。

明天的祭孔典禮，大家肯定會對某個環節有些感覺，什麼地方？絕對不是我念祭文，而是孩子唱《詩經》。孩子唱《詩經》，可能會比那些日本人在台北孔廟讀《論語》讓大家覺得更有親切感。為什麼？大家不妨想想，今天倘使我們來拜謁孔老夫子，讀著《論語》，其實就是念著老先生講過的話，孔子一聽，可能還會一邊想著，「這是我講過的話嗎？」、「咦——，這是什麼人編的呢？我好像不是這麼講的呀?!」……用孔子的話來祭拜孔子他老人家，老先生聽著聽著，多少會覺得彆扭、有些怪怪的。什麼叫「祭如在，祭神如神在」？很簡單，老先生生前喜歡啥，咱們就給他啥。我們不妨設想，倘使孔老夫子能聽見小朋友們吟唱《詩經》，一定會覺得挺好聽的，對不對？畢竟，他比誰都更熟悉《詩經》呀！《詩經》這一聽，他都捨不得走囉！（眾笑！）

【學　生】：您如何給三個孩子讀經典？

【薛老師】：基本上，我贊成背。現在（案：二〇一四年）每天早上，他們仨大概必須背經典一個小時。三個人背的，不太一樣；大姐背得較多，薛朴現在則是背《孟子》。到了下午，有一個小時左右的時間，三個人一塊背《古文觀止》，算是固定功課。他們因為在家自學，所以時間很多。不過，他們跟台灣體制內的學校教育並沒有脫節，還是用體制內的教材，每個學期都回學校參加段考，只是平常在家學習。通常，每天只需兩、三個小時，學校功課就大致可以搞定了。剩下的時間，一部分背經典，一部分閱讀，一部分看戲曲，此外，也去運動、跑跑步，還有大量的時間可以做家事。目前每天的中餐，就是他們三個人分工做好的。因為時間寬裕，他們一直到現在都維持晚上九點之前上床睡覺。

經典要背，但跟讀經團體不一樣的是：我很在意小孩的實際生活。與一般讀經的孩子相比，我孩子仨因為有日常的生活種種，所以比較有舊式小孩該有的規矩與活氣的同時兼得。他們常常回我台灣南部的老家，不時就跟爺爺奶奶住上一段時間。說白了，這是在接地氣，接中國文化在台灣民間一直沒斷的那個地氣。小時候有這樣的薰陶，長大之後再回頭看經典，就會有了分明的真實感。這時經典對於他們，就不是抽象的概念，而是具體的生命經驗。這時他們再讀論語，就知道什麼是：道不遠人。

國家圖書館出版品預行編目資料

樂以忘憂：薛仁明讀論語 / 薛仁明著. -- 初版.--
臺北市： 九歌, 2018.01
面；14.8×21公分. --（九歌文庫；1271）

ISBN 978-986-450-166-3（平裝）

1. 論語　2. 研究考訂

121.227　　106022930

九歌文庫 1271

樂以忘憂
——薛仁明讀論語

作者	薛仁明
責任編輯	張晶惠
創辦人	蔡文甫
發行人	蔡澤玉
出版發行	九歌出版社有限公司 臺北市105八德路3段12巷57弄40號 電話／02-25776564・傳真／02-25789205 郵政劃撥／0112295-1
九歌文學網	www.chiuko.com.tw
印刷	晨捷印製股份有限公司
法律顧問	龍躍天律師・蕭雄淋律師・董安丹律師
初版	2018年1月
定價	280元

書號	F1271
ISBN	978-986-450-166-3

（缺頁、破損或裝訂錯誤，請寄回本公司更換）